世界
哲學家叢書

修訂二版

王弼

林麗真　著

傅偉勳／韋政通　主編

東大圖書公司

國家圖書館出版品預行編目資料

王弼 / 傅偉勳,韋政通主編;林麗真著.－－修訂二版一
刷.－－臺北市：東大，2008
　　面；　　公分.－－(世界哲學家叢書)
參考書目：面
含索引
ISBN 978－957－19－2930－9　（平裝）

1.(三國)王弼 2.學術思想 3.中國哲學

123.12　　　　　　　　　　　　　97011914

© 王　弼

| 主　　編 | 傅偉勳　韋政通 |
| 著 作 人 | 林麗真 |
| 發 行 人 | 劉仲文 |
| 著作財產權人 | 東大圖書股份有限公司 |
| 發 行 所 | 東大圖書股份有限公司 |
| | 地址　臺北市復興北路386號 |
| | 電話　(02)25006600 |
| | 郵撥帳號　0107175-0 |
| 門 市 部 | (復北店) 臺北市復興北路386號 |
| | (重南店) 臺北市重慶南路一段61號 |
| 出版日期 | 初版一刷　1988年7月 |
| | 修訂二版一刷　2008年11月 |
| 編　　號 | E 120470 |

行政院新聞局登記證局版臺業字第○一九七號

ISBN　978-957-19-2930-9　（平裝）

http://www.sanmin.com.tw　三民網路書店

# 《世界哲學家叢書》總序

　　本叢書的出版計劃原先出於三民書局董事長劉振強先生多年來的構想，曾先向政通提出，並希望我們兩人共同負責主編工作。一九八四年二月底，偉勳應邀訪問香港中文大學哲學系，三月中旬順道來臺，即與政通拜訪劉先生，在三民書局二樓辦公室商談有關叢書出版的初步計劃。我們十分贊同劉先生的構想，認為此套叢書（預計百冊以上）如能順利完成，當是學術文化出版事業的一大創舉與突破，也就當場答應劉先生的誠懇邀請，共同擔任叢書主編。兩人私下也為叢書的計劃討論多次，擬定了「撰稿細則」，以求各書可循的統一規格，尤其在內容上特別要求各書必須包括(1)原哲學思想家的生平；(2)時代背景與社會環境；(3)思想傳承與改造；(4)思想特徵及其獨創性；(5)歷史地位；(6)對後世的影響（包括歷代對他的評價），以及(7)思想的現代意義。

　　作為叢書主編，我們都了解到，以目前極有限的財源、人力與時間，要去完成多達三、四百冊的大規模而齊全的叢書，根本是不可能的事。光就人力一點來說，少數教授學者由於個人的某些困難（如筆債太多之類），不克參加；因此我們曾對較有餘力的簽約作者，暗示過繼續邀請他們多撰一兩本書的可能性。遺憾的是，此刻在政治上整個中國仍然處於「一分為二」的艱苦狀態，

加上馬列教條的種種限制，我們不可能邀請大陸學者參與撰寫工作。不過到目前為止，我們已經獲得八十位以上海內外的學者精英全力支持，包括臺灣、香港、新加坡、澳洲、美國、西德與加拿大七個地區；難得的是，更包括了日本與大韓民國好多位名流學者加入叢書作者的陣容，增加不少叢書的國際光彩。韓國的國際退溪學會也在定期月刊《退溪學界消息》鄭重推薦叢書兩次，我們藉此機會表示謝意。

　　原則上，本叢書應該包括古今中外所有著名的哲學思想家，但是除了財源問題之外，也有人才不足的實際困難。就西方哲學來說，一大半作者的專長與興趣都集中在現代哲學部門，反映著我們在近代哲學的專門人才不太充足。再就東方哲學而言，印度哲學部門很難找到適當的專家與作者；至於貫穿整個亞洲思想文化的佛教部門，在中、韓兩國的佛教思想家方面雖有十位左右的作者參加，日本佛教與印度佛教方面卻仍近乎空白。人才與作者最多的是在儒家思想家這個部門，包括中、韓、日三國的儒學發展在內，最能令人滿意。總之，我們尋找叢書作者所遭遇到的這些困難，對於我們有一學術研究的重要啟示（或不如說是警號）：我們在印度思想、日本佛教以及西方哲學方面至今仍無高度的研究成果，我們必須早日設法彌補這些方面的人才缺失，以便提高我們的學術水平。相比之下，鄰邦日本一百多年來已造就了東西方哲學幾乎每一部門的專家學者，足資借鏡，有待我們迎頭趕上。

　　以儒、道、佛三家為主的中國哲學，可以說是傳統中國思想與文化的本有根基，有待我們經過一番批判的繼承與創造的發展，重新提高它在世界哲學應有的地位。為了解決此一時代課題，我們實有必要重新比較中國哲學與（包括西方與日、韓、印等東方

國家在內的）外國哲學的優劣長短，從中設法開闢一條合乎未來中國所需求的哲學理路。我們衷心盼望，本叢書將有助於讀者對此時代課題的深切關注與反思，且有助於中外哲學之間更進一步的交流與會通。

最後，我們應該強調，中國目前雖仍處於「一分為二」的政治局面，但是海峽兩岸的每一知識分子都應具有「文化中國」的共識共認，為了祖國傳統思想與文化的繼往開來承擔一分責任，這也是我們主編《世界哲學家叢書》的一大旨趣。

**傅偉勳　韋政通**

一九八六年五月四日

# 再版序言

　　魏晉玄學研究，自 1957 年湯用彤先生出版《魏晉玄學論稿》、1963 年牟宗三先生出版《才性與玄理》之後，學界針對「玄學家」、「玄理」、「玄風」進行專題探討者，即日漸增多。而在針對玄學家的研究中，「王弼」可說是極熱門、也極受重視的研究對象。其主要原因，蓋在王弼所注的三部古書——《周易》、《老子》、《論語》——乃是中國學術思想界的首要經典；而王弼藉著注釋，開展出許多富有哲學意涵的命題——如本末、有無、體用、一多、動靜、言象意、名號與稱謂、性其情、有情與無情、自然與名教等，實是甚具思想史的意義與價值。其影響所及，不僅及於正始清談，更及於魏晉玄學、宋明理學，乃至中國經典詮釋學的發展。

　　筆者於 1970～1973 年間著手進行碩士論文《王弼及其易學》的撰述時，當時以「王弼思想」為研究對象的學術論文相當少見。除上舉湯、牟二先生的論著外，多數皆是概論性的文字或有關王弼注本的考校文章。其後，因基於《周易》、《老子》、《論語》學的鑽研興趣，筆者乃陸續發表探討王弼學術思想的幾篇文章，輯為《王弼老、易、論語三注分析》；承蒙收入傅偉勳與韋政通二先生所主編的《世界哲學家叢書》中，定名《王弼》。這本書自 1988 年出版後，頗引起學界的重視；1999 年並經金白熙先生翻譯成韓

文，由韓國清溪出版社出版。現在時隔二十年，欣聞此書中文版擬再版印行，筆者對於王弼玄學至今仍持續受到學界的關注，實感與有榮焉。

　　二、三十年來，隨著「魏晉玄學」研究群的增多，探討「王弼學術思想」的文章，殆如雨後春筍，已多達四、五百篇。光是專著就有三、四十種，學位論文也高達五、六十篇（詳參筆者主編之《魏晉玄學研究論著目錄》）。其研究群不僅廣及海峽兩岸、日本、韓國，甚至遠及歐美各地。在湯、牟二先生的開先引導下，其主要研究者，臺灣方面有戴靜山、戴璉璋、莊耀郎、曾春海、筆者等人及所指導過的博碩士研究生群；大陸方面有樓宇烈、朱伯崑、湯一介、余敦康、許抗生、王葆玹、王曉毅等人；日本方面有藤原高男、堀池信夫、關正郎、金谷治、內村嘉秀、仲畑信、高野淳一等人；韓國方面有金忠烈、林采佑、李在權、金白鉉、李沅泰、金學睦、金周昌、金白熙等人。歐美方面，1977 年，Lin, Paul J. 即已著手《老子・王弼注》的英譯；稍後，1979 年 Rump, Ariane 又再重譯；1987 年 Wing, R. L. 的《老子・王弼注》德文譯本也問世了；而 Lynn, Richard John 於 1994 年譯成王弼的《周易注》後，1999 年復再發表《王弼・老子注》的英文新譯。藉著這一連串英、德譯本的出現，西方學人喜愛王弼哲學的情況可說與日俱增，晚近 Wagner, Rudolf G. 的一系列研究成果即相當引人注目。

　　中國歷史中最年輕的天才哲學家——王弼，他藉著詮釋《周易》、《老子》、《論語》三部經典所得的慧見，曾相當耀眼地活躍在魏晉清談界和思想界的舞臺。當他始見吏部尚書何晏之時，何晏即不禁讚嘆：「若斯人者，可與言天人之際乎！」其後，魏晉名

士共相談辯之時，往往即會追思起那幾場以王弼為要角的正始之音。沒想到時隔一千七百多年後的今天，我們再次研讀王弼的《周易》、《老子》、《論語》三注，竟然也會追思起「正始之音」呢！但願藉著此書的再版，可以共邀天下喜愛魏晉玄學的名士，再一次與這位中國歷史中最年輕的天才哲學家暢談「天人之際」吧！

林麗真

謹識於臺灣大學中文研究所

2008 年 9 月 24 日

# 自　序

　　就中國學術傳統的衍展而言，魏晉玄學實處於一重要的轉折地位。無論從內容上和形式上，都與兩漢時期有極顯著的不同。就內容上說，是天人交感的陰陽五行學的衰微，到《老》、《莊》自然主義的玄理形上學的勃興；就形式上說，是繁瑣支離的章句訓詁學的廢退，到得意忘言的簡易新學的流行。處在這種學風迅速遞轉的關鍵時代，王弼實是極具代表性與影響力的人物，且是魏晉玄學的主要開創者。

　　雖然王弼一生僅有短短二十四年 (226～249)，但其著作今存於世者，則有《周易注》、《周易略例》、《老子注》、《老子指略》、《論語釋疑輯佚本》及《大衍論》中的兩小段佚文。由於這些著作並不算少，其所選注的古籍又甚重要：《易》、《老》、《莊》三玄，他就獨注其二；且於孔學要典的《論語》，也別發新見。歷來皆視其《周易注》為廓清兩漢象數學的代表，並視其《老子注》為發展《老子》「本無」思想的權威；至若《論語釋疑》，對於魏晉諸《論語》注家的啟迪作用，也不容忽略。可見王弼不只是時潮中人，魏晉的哲學思想與治學方法也因他的出現，而有了相當程度的發展與影響。

　　到底王弼思想基礎的奠立，與魏晉新學及正始談辯的關係如

何？他是如何運用自己的思維，把當代的哲學課題——如本末、有無、體用、一多、言意、性情、動靜、自然名教、孔老地位等，加以深思、反省，並集中地表現出來？對於當時儒道兩家的同異離合之爭，他是怎樣找到一條「統之有宗，會之有元」的思路？且在會通之際，孔老思想的真諦是否因為經由他的闡釋而使其中的內蘊思想部分遭到變轉？而在變轉之餘，是否也使得儒道兩家的發展獲得更寬廣的空間，並帶下日後學風的新方向？到底他是如何同時兼治《易》、《老》與《論語》之學的？對於這三部先秦典籍原有的性質差異，他究竟如何取捨？如何詮解？如何使二者的分際融合為一？有關他玄化《論語》、《周易》，並發展《老》學的真相、功過與影響，究竟怎樣？凡此即是本論著的研究重心。

因此，本書雖採《老》、《易》、《論語》三注各別析論的方式，但這只是為了便於說明王弼涉及此三書時的學術成績；其實若依本書的撰述旨趣言，則在尋繹王弼的一貫思想——「崇本息末」觀，並據以檢視他在詮釋儒道兩家經典時所表現的思理內涵及其應用與發揮。文中排列的章次，所以先《老子》，後《周易》，再次以《論語》，乃因王弼的思想，基本上是近《老子》，而不近孔子的。這也就是說：他的「崇本息末」觀，是他根據《老子》，發展《老》學，進而建立起來的。職是之故，本書乃以此一思想綱領貫串王弼《老》、《易》、《論語》之學的脈絡。

近人研究王弼之思想者漸多，如湯用彤、牟宗三、湯一介、朱伯崑及先師戴君仁等名家的相關論著，皆有可觀❶，拙著乃在

❶ 湯用彤（錫予）有〈王弼大衍義略釋〉、〈王弼聖人有情義釋〉、〈王弼周易論語新義〉三文，收錄於《魏晉玄學論稿》，六五～一一二頁。牟宗三有〈王弼玄理之易學〉與〈王弼之老學：王弼老子注解〉二

諸先輩學者的研究成果下，繼續進行王弼思想的研究。由於《論語釋疑》僅存四十一條佚文，其學術價值又每為《易》、《老》二注所掩，歷來學者較少從事其思理內涵之專門研究，而本文乃採行歷代《論語》諸注家的互較方式，藉以呈顯王弼《論語》學的特質與影響。至於王弼《易》、《老》二注的思想底蘊，勞思光先生曾說：「王弼之思想，只以《老子》之形上學觀念為主要內容；注《老》時，已不能正面接觸《老子》所言之『自我境界』；注《易》時，更不瞭解〈易傳〉思想之立場。嚴格論之，實屬貧乏淺陋。」❷本文則試圖提出另外一種看法：竊以為王弼所以「貴無而不賤有」，又力主「名教出於自然」，則其思想理路勢必經由「本體之無」的思辨，再回到「生活之無」的把握；而所謂「生活之無」，即要在消解執著與纏累。換句話說，他所關切的問題，實是「如何本著『自然無累』的心境，用以對待『刑名禮教』」的問題；如此，則於道家的「自我境界」，王弼並非沒有觸及。

　　筆者不揣淺陋，謹將往年之碩士論文《王弼及其易學》重作刪定，汰蕪存精，納入本書第四章；並將七十五、七十六學年度蒙獲行政院國科會獎助之相關性論文（即〈王弼崇本息末義釋〉與〈王弼論語釋疑中的老子義〉二文）再作整理，納入第三、五章。全書經過整體會通之後，即採「崇本息末」觀為重心而步步

---

　　　文，收錄於《才性與玄理》，一〇〇～一六七頁。先師戴君仁有〈王弼何晏的經學〉一文，收錄於《梅園論學續集》，四九～六二頁。凡此諸文，皆為研究王弼思想之指南。至於湯一介《郭象與魏晉玄學》、朱伯崑《易學哲學史》二書，論及王弼《老》、《易》之學的玄理內涵及其思想史地位，見解精湛，亦甚富參考價值。

❷　見勞思光《新編中國哲學史》第二卷，第一六八頁。

展開。但願藉此研究，能對王弼「崇本息末」觀的思想體系及其
獨創性，有所掌握；對《老》、《易》、《論語》三注的學術特點與
價值，有所認識；對王弼發展《老》學、玄化儒理的歷史意義與
功過得失，亦盼獲得持平之見。

　　　　　　　　　　　　　　　林麗真
　　　　　　　　　一九八八年五月於臺大中文系

# 王　弼

## 目　次

# 第一章　生平事略

　　王弼，字輔嗣，三國魏山陽高平人（今山東金鄉西北）。生於魏文帝黃初七年，卒於魏齊王芳正始十年，即西元二二六至二四九年，死時年僅二十四。因他心智成熟的年代是在正始期間，所以東晉袁宏 (328～376) 作《名士傳》，便把他列為「正始名士」看待❶。他的一生短若飆塵，但成就卻極不凡，在魏晉思想界及清談界，幾乎是人人所公認的一位大天才。尤其是他的《易》、《老》二注，當時既尊為權威，後世也奉為圭臬，這兩部著作不僅大膽地廓清了漢學的支離瑣碎，而且還更換入時的新裝，建設了儒道融通的玄學理論。這對當時思想界的影響，實無一人能出其右！

　　然而，陳壽 (233～297) 的《三國志》並沒有為王弼專門立傳，僅在《鍾會傳》末附上短短的二、三十個字說：「初，會弱冠，與山陽王弼並知名。弼好論儒道，辭才逸辯，注《易》及《老子》，

❶　東晉袁宏（彥伯）作《名士傳》，「以夏侯太初（玄）、何平叔（晏）、王輔嗣（弼）為正始名士。阮嗣宗（籍）、嵇叔夜（康）、山巨源（濤）、向子期（秀）、劉伯倫（伶）、阮仲容（咸）、王濬沖（戎）為竹林名士。裴叔則（楷）、樂彥輔（廣）、王夷甫（衍）、庾子嵩（敳）、王安期（承）、阮千里（瞻）、魏叔寶（玠）、謝幼輿（鯤）為中朝名士。」語見《世說新語・文學篇》第九四條，劉孝標《注》所引。楊勇《校箋》本，第二一〇頁。

為尚書郎，年二十餘卒。」唯這輕描淡寫的幾筆，已勾勒出這位翩翩少年的風采：他的學問是儒道兼修，他的著作有《周易注》及《老子注》，他的辯才相當出類拔萃，並曾出仕作過尚書郎（即臺郎），與當時的文武才人鍾會 (225～264) 名氣一樣大。除此之外，若想進探其才情個性、交遊狀況、仕宦經過以及學術著作的詳細情形，那就必須直從其著述本身，並根據《三國志‧鍾會傳‧裴松之注》所援引的何劭 (?～301)《王弼傳》、《博物記》和《魏氏春秋》，以及盧弼的《三國志集解》去推敲了。而《世說新語‧文學篇‧劉孝標注》引過一則《王弼別傳》，與何劭的《王弼傳》大致相同而稍簡略，也可備作參考。

# 第一節　才情個性

在中國思想史上，以二十出頭的年齡，能夠卓然有所樹立者，王弼可稱第一人。尤其，涉及《易》、《老》這樣奧衍難懂的古書，竟能心領神悟，融會貫通，完成一家之言，史上更是難得一見。王弼所以能夠如此脫穎而出，馳騁當代，又傲視未來，天生的資質與才情自是不可抹煞的主要因素。

何劭《王弼傳》開頭第一句話便說：「弼幼而察惠，年十餘，好老氏，通辯能言。」這「察惠」二字即說出他的聰明和機敏；「通辯能言」，則言其思想的清晰和口齒的伶俐；而對古籍篤好「老氏」，更表明他是富有相當哲學冥想，又是具有相當玄學興趣的人。馮友蘭先生在《中國哲學史》的〈緒論〉中說：「哲學家各有所蔽，亦各有所見。此乃與其自己之人格（即一人之性情、氣質、經驗等之總名）或個性大有關係。」牟宗三先生在《才性與玄理》的第

三章也說:「魏晉名士人格,外在地說,當然是由時代而逼出;內在地說,亦是生命之獨特。人之內在生命之獨特的機括在某一時代之特殊情境中迸發出此一特殊之姿態。故名士人格確有其生命上之本質的意義。非可盡由外緣所能解析。王弼早慧如此,成就又偏向玄學理論的建立,未始不是他天生才質特具智悟能力使然。」

　　魏晉時代,像王弼這樣特具智悟能力的人,通常都有一種高邁而不同於俗調的生命表現。何劭述及王弼的性情與嗜好時說:「性和理,樂遊晏,解音律,善投壺。」這正是王弼平日追求藝術生活的寫照。他的性情純和,傾好玄理;喜歡跟高朋雅士晏飲遊樂,以音樂解懷,以投壺添趣❷;要求自由自在地尋求心之所安的樂趣,以期發抒真實的情感,得到美化的人生。而每每在五音六律的審解上,或投壺技藝的表現上,他總能博得大家的喝采。這一分追求藝術生活的情趣,便是他為著擺脫那些繁瑣古板、矯揉做作的禮俗的精神流露。

　　由此可見,王弼畢竟是一位唯「美」尚「智」的理想主義者,在他的心靈裏好像沒有什麼任重道遠的神聖負荷,或經國濟民的淑世情懷。所以「事功亦雅非所長」,倒是《易》、《老》的玄學更能引起他的共鳴,激發他的思辨潛能。他對《易》、《老》發生特別的感情和興趣,與其說是尋求一個更健全更偉大的理念來作為他理事治國的憑據,毋寧說是他較熱衷玄理名辯,並嚮往自然主

---

❷　鄭玄注《禮記・投壺篇》云:「投壺者,主人與客燕飲,講論才藝之禮也。」蓋古代主客燕飲相娛樂,每有投壺之遊戲。據《太平御覽》第七五三卷所述,其制為設一壺,賓主各持六矢,輪流投矢於壺中,多中者為勝,負者則罰喝酒。

義的不拘常調和不守一格！

　　聽說在他著手寫《老子注》的時候，大他三十歲左右的玄學
權威──何晏（193 左右～249），曾找他玄談，自知見解不如，
便自動放棄注釋《老子》的計劃，靜候王弼《注》的誕生。果然，
王弼《老子注》一告完成，其立論之精當超奇，直叫何晏神伏不
已，驚嘆道：「仲尼稱後生可畏，若斯人者，可與言天人之際乎！」❸
在何晏的眼中，王弼的見解簡直已經取代了漢代的天人交感之學，
並創建了一套新的天人之學哩！其注之不凡，由此可以想見。至
若《易經注》一書，也是轉移時代見解的巨著；古來讚譽者多，
誹議者也不少，或言其廓清之功，獨冠古今，或評其籠統玄旨，
罪浮桀紂；但這部書的價值，卻高穩如泰山，直為義理易及魏晉
玄學闢出一條新蹊徑。

　　王弼的才華，表現在音樂及投壺的技藝上，叫人喝采；表現
在《易》、《老》二注上，叫人神伏；表現在清談論辯上，也同樣
叫人傾倒！據《世說新語‧文學篇》上所載：正始年間，王弼尚
未弱冠，曾參加何晏所主持的一次大談座，因何晏素聞其才，舉
出所有勝理來探問他說：「此理，僕以為極可，得復難否？」王弼

---

❸　《三國志‧鍾會傳‧裴松之注》引何劭《王弼傳》載：「於時何晏為
　　吏部尚書，甚奇弼，歎之曰：『仲尼稱後生可畏，若斯人者，可與言
　　天人之際乎！』」見《集解》本第二八卷，第六一頁。又《世說新語‧
　　文學篇》第一〇條載：「何晏注《老子》未畢，見王弼自說注《老子》
　　旨，何意多所短，不復作聲，但應諾諾，遂不復注，因作《道德論》。」
　　第七條又載：「何平叔注《老子》始成，詣王輔嗣，見王注精奇，迺
　　神伏曰：『若斯人，可與論天人之際矣！』因以所注為《道德二論》。」
　　見楊勇《校箋》本，一五二、一五三頁。凡此皆足見何晏對王弼《老
　　子注》的讚賞與佩服。

便隨機作難答辯，提出精湛的見解，以犀利的口才，壓倒群芳；又自為客主數番，皆一座人所不及；尤其是一代談宗的何晏，更佩服得無以復加，譽為千古罕見。我們可以說：正始的談座，就因王弼的加入，而達到高潮。在當時的清談大師中，何晏和王弼，就像兩座燈塔，互相輝映地照耀了整個清談的水面，何晏善於附會文辭，王弼則以自然出拔致勝。難怪晉以後的清談者，每逢剖辯理源，談到最精采的時候，便要追思「正始之音」呢！

　　然而，王弼的「幼而察惠」，誠如上述，不過開出智悟境界與藝術境界而已；若論德性境界，則可謂了不相涉。故其所悟之理，乃是玄之又玄的形上之理，並非生命主體自覺的心性之理。他之所以成為一代「名士」，乃在其生命精神所透顯的清新俊逸之智光，而無關於人生修養上的實修實證。因此，他的玄智玄悟能力雖然不凡，道德涵容工夫則甚平庸。尤以年紀輕、才氣大、個性強，故其為人，往往獨恃己才，任情恣縱，以致「頗以所長笑人，故為士君子所疾。」❹何劭為他作傳，也不得不批評他的「為人淺而不識物情」了。

# 第二節　交遊狀況

　　由於王弼的個性恃強傲慢、喜歡表現；為人又隨性之所之，一無顧忌；他的玄思、穎語、才情、名氣……，從小便已如此地耀眼而擾人；所以能夠欣賞他並與他交遊談辯的人，不是名流，便是才俊！比如最能賞識和提拔王弼的何晏，就是當代最具位望、

---

❹ 《三國志・鍾會傳・裴松之注》引何劭《王弼傳》語，見《集解》本第二八卷，第六一頁。

又能清言的玄談領袖；曾經一見王弼而異其才的裴徽，乃是當時
能通《易》、《老》、《莊》，且具高才遠度的論壇高士；與玄論派的
何晏見解不合，卻對何晏所抬舉的王弼加以讚賞的傅嘏，亦是達
治好正、喜論才性的識量名輩；意凌青雲，曾找王弼撞槓過的劉
陶，亦為一時善論縱橫的專家；至若年歲與王弼相當，感情與王
弼友善，又每服王弼之高致的鍾會，更是一個精練名理、有才數
技藝而博學的俊才。茲為明瞭王弼與他們之間的交遊情況，則再
分別介紹如下：

⑴何　晏

　　何晏，字平叔。南陽宛人（今河南南陽縣治）。漢獻帝初平、
興平年間 (190～196) 生，魏齊王芳正始十年 (249) 因坐曹爽案，
被夷三族，年約五十六左右，與王弼並稱正始名士。根據《三國
志・曹爽傳》所附之《何晏傳》並《裴松之注》之記載，何晏的
家世與際遇可謂不比尋常。其祖何進 (?～189)，乃漢靈帝何皇后
之異母兄，漢少帝之母舅。其父名咸，其母尹氏。在曹操擔任司
空時 (196～208)，即納尹氏為夫人，同時收養了何晏。因之何晏
從小就寄養於曹家，可說是曹操的養子。長大後娶了曹操與杜夫
人所生的女兒金鄉公主，於是又成了曹操的女婿，遂得為駙馬都
尉，賜爵關內侯。何晏自幼姿色絕美，又慧心天悟，雅好三玄，
著述甚多，據諸史《經籍志》的著錄，有《論語集解》、《孝經注》、
《老子道德論》、《魏晉諡議》、《樂懸》、《官族論》、《何晏集》等
書，《列子・張湛注》又引有《道論》及《無名論》，馬國翰亦輯
有《周易解》四條。正始初年，他跟曹爽 (?～249) 合作建立了一
個親魏反司馬氏的政權，官位由散騎侍郎，遷侍中，又累進為吏

部尚書，負責選舉達十一年，於是凡與他有舊交誼者，多被拔擢。
當時，王弼即因他的賞識和提舉，而作了臺郎。由於他有位望，
又能清言，故「當時權勢，天下談士，多宗尚之」，而被奉為一代
談宗。不僅成了政治界的新貴，也成了學術界的領袖。他曾與王
弼談論過《老子》書中的要旨，也曾互辯過「聖人有無喜怒哀樂」
的問題。王弼便是在他所主辦的談座上，大露鋒芒而名噪一時的。
雖然他比王弼年長三十歲左右，地位又貴望非凡，但對王弼的讚
賞與關愛，卻如「慧眼識英雄」一般地千古難見。

(2)裴　徽

　　裴徽，字文季（或作文秀），世稱裴冀州。河東聞喜人（今山
西聞喜縣治）。生卒年不詳，約與傅嘏 (209〜255) 同時而較早卒，
年約四、五十。他出身士族望姓：父茂，歷縣令、郡守、尚書，
並封列侯；兄潛，為河南尹、尚書令；裴徽亦位至吏部郎、冀州
刺史。《三國志・裴潛傳注》說他「有高才遠度，善言玄妙。」《裴
潛傳注》引《管輅別傳》也說他「才理清明，能釋玄虛，每論《易》
及《老》、《莊》之道，未嘗不注精於嚴瞿之徒也。」而《世說新語・
文學篇》載述太和初年 (227) 的一次談座，說到荀粲（約 203〜231）
與傅嘏對難，至難分難捨、相爭不決時，裴徽便出來，「釋兩家之
義，通彼我之懷，常使兩情皆得，彼此俱暢。」可見裴徽實是一位
博學多才、善打圓場的論壇高士。何劭《王弼傳》載：「裴徽為吏
部郎，弼未弱冠往造焉，徽一見而異之。」一位年未二十的青年能
讓裴徽一見稱異，這除了顯示王弼的才氣軒昂非凡外，也可看出
裴徽識拔人才的慧眼與胸襟。所以裴徽遇到王弼，就像棋逢對手
一樣，便談起孔老之道來了。王弼發表「聖人體無而言有」的那

段精采的對話，就是被裴徽探問出來的。

⑶傅　嘏

　　傅嘏，字蘭石，一字昭先。北地泥陽人（今陝甘一帶）。生於
漢獻帝建安十四年 (209)，卒於魏高貴鄉公正元二年 (255)，年四
十七。祖睿，代郡太守；父充，黃門侍郎；伯父巽，侍中尚書。
雖非大族望姓，但父祖輩官階至少亦在五品以上。至其本人，正
始中，曾歷尚書郎，遷黃門侍郎，以政治立場與曹爽、何晏不合，
一度被免官職。唯太傅司馬懿以為從事中郎，故至曹、何等人被
誅，乃遷河南尹，拜尚書。嘉平末，賜爵關內侯；高貴鄉公時，
進爵武鄉亭侯，守尚書僕射，封陽鄉侯。卒贈太常，諡曰元侯。
他曾批評何晏為「言遠而情近，好辯而無誠，所謂利口覆邦國之
人。」可見他與何晏不僅政治路線不同，人格風範、學術見解也頗
相逕庭。若說何晏是玄論派的代表，他便可說是名理派的要角。
一般說來，名理派的生活比較謹嚴，辦事比較有規律，談辯也比
較切實際。比如他與何劭 (？～301) 的對難，便以「考課法」為重
心；與李豐 (204 左右～254)、鍾會 (225～264)、王廣 (207 左右～
251) 等人討論「才性四本」，便主張「才性同」；在太和談座上，
與荀粲（約 203～231）相持不下，則特以「名理」見長。故《三
國志・傅嘏傳注》引《傅子》乃稱其「達治好正，清理識要，好
論才性，原本精微，鮮能及之。」誠如裴松之 (372～451) 所說，是
「識量名輩，實當時高流。」然而，儘管傅嘏對何晏的利口好辯、
虛無浪漫甚為反感，但對何晏所抬舉的王弼卻不禁要點頭認可，
足證王弼的才情乃是超越黨派而博得人心的。故何劭《王弼傳》
述及王弼的才情時，便不得不提一句：「尋亦為傅嘏所知」呢！

⑷劉　陶

劉陶，字季野，淮南成悳人（今江南一帶）。揚州名士，官至平原太守。生卒年不詳。為漢光武子阜陵王劉延之後，明帝重臣劉曄(? 〜234) 之幼子。劉曄明通權計，獨任才智，乃一專擅「應變持兩端」之人。劉陶亦如其父，蓋屬「高才而薄行」者流❺。《三國志‧劉曄傳注》引《傅子》說他：「善名稱，有大辯。曹爽時為選部郎，鄧颺之徒稱之以為伊呂。當此之時，其人意陵青雲，謂玄曰：『仲尼不聖，何以知其然？智者圖國，天下群愚，如弄一丸於掌中，而不能得天下。』玄以其言大惑，不復詳難也。」據此，劉陶實為一縱橫機變之小人。他懂得投機取巧，依違兩可，以詭辯取勝。他的作風，與精察玄理的王弼自是道不同不相為謀的。故何劭《王弼傳》載：「淮南人劉陶善論縱橫，為當時所推。每與弼語，常屈弼。弼天才卓出，當其所得，莫能奪也。」

⑸鍾　會

鍾會，字士季，潁川長社人（今河南長葛縣治西）。生於魏文帝黃初六年 (225)，較王弼年長一歲。出身名公世家：父繇，位太傅；兄毓，位車騎將軍。鍾會則位至司徒，進爵縣侯，邑萬戶。於魏陳留王景元五年 (264)，陰謀造反，被殺，時年四十。當時，他不僅以軍功顯赫一世，辯才學養亦不後人。《三國志》本傳說他「少敏慧夙成」，「及壯有才數技藝而博學」，並「精練名理，以夜續晝，由是獲聲譽。」裴《注》也說他「雅好書籍，涉歷眾書，特好《易》、《老子》。」似乎與王弼的才情相當接近的樣子。本傳又

❺　見《三國志‧劉曄傳‧集解》本第一四卷，第三〇頁。

說:「會嘗論易無互體、才性同異。及會死後,於會家得書二十篇,名曰《道論》,而實刑名家也,其文似會。」《隋書‧經籍志》著錄有其《周易盡神論》、《易無互體論》及《老子道德論注》等書。《世說新語‧文學篇》並載稱他撰有《四本論》,且受到魏晉清談界相當的推崇。聽說傅嘏便很欣賞他❻,因他以校練為家,帶有很濃厚的刑名家色彩,走的是傅嘏那條名理派的路子。然而,鍾會對王弼的簡遠出拔,卻是傾心折服的。何劭《王弼傳》說:「弼與鍾會善,會論議以校練為家,然每服弼之高致。」陳壽著《三國志》,所以把王弼的生平事誼簡略地附在《鍾會傳》末,想是他們年歲相近、名氣相當、友誼相善的緣故吧!

根據史書所載,曾與王弼交遊談辯的人,大抵只能找到以上五位名士。在他們身上,顯然具有以下幾個共同的特色:第一、他們都是名門貴族,或是軍政界及學術界的要角。第二、他們的年齡都比王弼大。比如何晏即大三十左右,裴徽、傅嘏大約一、二十,鍾會則大一歲,劉陶當亦年長於王弼。第三、他們的風格雖然不盡相同,但對王弼的才情則是公開承認或讚嘆不絕的。因此,我們可以想像:王弼的才情足以充分地發揮,未始不是得力於這些高朋雅士或政教名人的賞識和鼓勵。透過這五位名士的眼光,以及他們與王弼的交遊情形,我們看見了一代不世出之才子的影像。他的出現,無論是辭妙玄虛的玄論派(何晏)、以校練為家的名理派(傅嘏、鍾會)、能釋兩家之義的調和派(裴徽)、縱橫機巧的詭辯派(劉陶),都為之瞪目結舌,震驚不已。好似任何的閃爍之才,跟他相形之下,都要頓失顏色,退避三舍。無怪乎

---

❻ 《三國志‧傅嘏傳‧裴松之注》引《傅子》云:「司隸校尉鍾會年少,嘏以明智交會。」見《集解》本第二一卷,第六〇頁。

他的死，「晉景王聞之，嗟歎者累日。」❼晉朝的陸雲 (262〜303) 甚
至連作夢都夢到跟他在談玄論道呢❽！

# 第三節　仕官經過

　　就像中國一般的讀書人一樣，不管自己的才情與個性是否適
宜當官，總巴不得能躋身廊廟以求顯達，王弼亦不例外。有關他
出仕的情形，根據何劭《王弼傳》的記載是這樣的：「正始中，黃
門侍郎累缺，晏既用賈充 (217〜282)、裴秀 (224〜271)、朱整，
又議用弼。時丁謐 (? 〜249) 與晏爭衡，致高邑王黎 (? 〜248) 於
曹爽，爽用黎，於是以弼補臺郎。」正始中，王弼大約二十歲上下，
正是年少崢嶸，剛從談座崛起之時，因著吏部尚書何晏的賞識和
薦引，他本可順順當當地就任禁中貴職——黃門侍郎，那裏想到
半路殺出個後臺比他還硬的王黎，眼睜睜地見著別人優先作上了
黃門侍郎，使他不得不遷就現實，勉強補任臺郎。這當頭的一棒，
即是王弼出仕的首遭際遇。

　　盡人皆知，自曹操標榜「唯才是舉」的用人原則以來，魏文
帝便進一步採行九品中正的制度來選任官吏。表面上是為著改革

---

❼　《三國志·鍾會傳·裴松之注》引何劭《王弼傳》語，見《集解》
　　本第二八卷，第六二頁。

❽　《晉書·陸雲傳》載陸雲夜夢王弼事云：「初，雲嘗行逗宿故人家，
　　夜暗迷路，莫知所從，忽望草中有火光，於是趣之。至一家，便寄
　　宿，見一少年美風姿，共談《老子》，辭致深遠，向曉辭去，行十許
　　里，至故人家，云此數十里中無人居。雲意始悟，知尋昨宿處，乃
　　王弼家。雲本無玄學，自此談《老》殊進。」見《斠注》本第五四卷，
　　第二七頁。此固屬無稽之談，亦足見晉朝人士嚮慕王弼之情。

漢代察舉法的流弊，以求公平與客觀；實質上，此一制度本身也未盡合理，以致到頭來不過是替大姓氏族服務而已，真正的人才或寒門子弟根本不易出仕貴顯。因此，其中隱涵著許多徇私舞弊、不公不正的情事。今由王弼初仕途程中的曲折演變，便可略知黨羽互較、利相爭逐的官場黑暗。按理，何晏既是主司選舉重責的吏部尚書，本該具有任聘人才的決定權，無奈當時曹爽受先帝遺詔輔佐少主，實權等同皇帝，因此曹爽一旦出面干預，要用丁謐所提拔的人選，則何晏又豈能表示異議？何況丁謐的職位也是與何晏平起平坐的尚書呢！然而，這對一位初出茅廬而自恃甚高的青年來說，卻如同一塊即將入口的食物，冷不防地被人搶去一般，那種滋味自是不堪忍受的。為此王弼便跟官場勁敵的王黎壞了交情，甚至嫉恨到決裂的地步。這就是何劭《王弼傳》所說的：「然弼為人淺而不識物情，初與王黎（？～248）、荀融（226左右～？）善，黎奪其黃門郎，於是恨黎，與融亦不終。」

若按性情涵容或知委婉屈伸的人來說，小小的不如意也許算不得什麼打擊，只要好自為之，待機應變，日後自然多的是晉昇的機會。無奈天才的個性與行逕原就比較率真與浪漫，他既自命不凡，當然巴望長官能真正的了解他。於是就在初次上任臺郎的那天，王弼謁見了曹爽，特別請求曹爽摒退左右人士，單獨與他會談。這非分的要求，曹爽也答應了；那裏曉得王弼竟然還想趁機一展己長，跟他的頂頭上司清談論道；結果，談了一個多時辰，還不知察顏觀色，轉移話題，適可而止，含斂謙退，以致帶給曹爽一個輕佻狂妄又不識大體的惡劣印象。所以，王黎死後，黃門侍郎一職仍然是被別人搶去，連薦舉他的何晏，看在眼裏，都深深為他惋惜。

其實，這都是個性與志趣使然，王弼一生最大的熱情乃在玄學上；處理複雜巧偽的人事關係，以及繁瑣實際的行政工作，自然不是他的專長。何劭說：「弼在臺既淺，事功亦雅非所長，益不留意焉。」也好在經歷過這前後兩次的官場挫折與刺激，使他不再汲汲於政治功名的發展，沒有深入曹爽的行列；所以正始十年，太傅司馬宣王（司馬懿）族滅曹爽兄弟、何晏、鄧颺、丁謐、李勝、畢軌、桓範等，王弼僅以公事被免職，接著便患上癘疾，死於那年秋天。天不假年，固是一大不幸；而其身處亂世，能不死於斧鉞之下，難道不算幸運嗎?!

## 第四節　學術著作

王弼的學術著作，《三國志・鍾會傳》只提及注《易》及《老子》二書，何劭《王弼傳》則再提及《道略論》（即《老子指略》）一書❾。而據《隋書・經籍志》、《舊唐書・經籍志》、《新唐書・藝文志》之著錄，除以上三書外，尚有《周易略例》、《周易大衍論》、《論語釋疑》、《王弼集》等書，可見王弼的著作實在不少。其中，《王弼集》已全然亡佚，餘者則大都見存，或有線索可考。而《周易注》、《周易略例》、《周易大衍論》，是有關《易》學的著作；《老子注》、《老子指略》，是有關《老》學的著作；《論語釋疑》，

---

❾　《三國志・鍾會傳・裴松之注》引何劭《王弼傳》載：「弼注《老子》，為之指略，致有理統。注《道略論》，注《易》，往往有高麗言。」盧弼《集解》云：「宋本『注』作『著』」。據此，王弼的著作，除《易》、《老》二注外，尚有《道略論》一書，且此書係為《老子》之指略，故後世或名之為《老子指略》。見《集解》本第二八卷，第六二頁。

是有關《論語》的著作。現在我們就對這六種學術著作的存佚問題，簡單說明一下：

⑴《周易》方面

《周易注》六卷（或云七卷）：此書諸史皆有著錄，且自唐朝頒修《五經正義》，定為《周易》的標準注解以來，便極通行。王弼只注了六十四卦〈卦辭〉、〈爻辭〉及〈彖〉、〈象〉、〈文言〉；〈繫辭〉以下則由晉朝的韓康伯（？～385 左右）續成。所以王、韓《注》必須合起來，才是一部完整的《周易注》。清代阮元 (1764～1849) 所校刊的《十三經注疏》本，用的就是王弼和韓康伯的《注》，以及孔穎達 (574～648) 的《正義》。

《周易略例》一卷：這篇著作，申明《周易》的一般原則，篇章不多，曾附於《周易注》之末而併行於世。故《隋書·經籍志》著錄「《周易》十卷」，即云：「魏尚書郎王弼注六十四卦六卷，韓康伯注〈繫辭〉以下三卷，王弼又撰《易略例》一卷。」現所通行的阮刻《十三經注疏》本雖未輯錄，但可見於汲古閣《十三經注疏》本及明朝程榮校刻的《漢魏叢書》中，並有唐朝邢璹為之注。

《大衍論》三卷：此於《新唐書·藝文志》的〈易類〉中有著錄，卻未見行世，今已亡佚。然而在《周易·繫辭上傳》「大衍之數五十，其用四十有九」之下，韓康伯《注》引了王弼的一段話，大概是《大衍論》中的言語無疑。又，近人王葆玹先生在唐朝楊士勛的《春秋穀梁傳注疏》中發現王弼佚文一則，並判定其為王弼《周易大演論》之佚文，雖然僅有七十八個字，卻為研究王弼思想者提供了一條新的資料❿。而何劭《王弼傳》說：「弼注

《易》，潁川人荀融（226 左右～?）難弼大衍義，弼答其意，白
書以戲之。」荀融所駁難過的這個大衍義，想必也跟《大衍論》有
關。《舊唐書・經籍志》著錄有王弼的《周易大衍論》一卷，按鄭
玄 (127～200) 的《周易注》云：「衍，演也。」則所謂《大演論》
與《大衍論》者，可能都指同一篇著作。可惜資料太少，無法詳
考。

⑵《老子》方面

　　《老子注》二卷：此書原名《老子道德經注》，也稱《新記玄
言道德》、《玄言新記道德》或《老子節解》。自魏晉以來，一直被
認為是《老子》的標準注解，但因流傳既久，文字錯誤很多，經
過宋朝晁說之 (1059～1129) 的整理，才成現在通行本的樣式，近
人陶鴻慶《讀諸子札記》中的《讀老子札記》附有《王弼注勘誤》，
很有參考價值。

　　《老子指略》一卷：與《周易略例》的性質一樣，此篇講的
是《老子》的一般原則。因它久未行世，大家以為是不存在了。
然而，宋朝張君房（? ～1020 左右）編輯的《雲笈七籤》卷一抄
有一篇論文，題為《老君指歸略例》；而《道藏》中又有《老子微
旨例略》，其中包括有《老君指歸略例》；二者皆未題作者姓名，
經近人王維誠、嚴靈峰先生的考證，認為《老子微旨例略》應是
王弼的著作無疑❶。史書著錄，名稱不一，凡云《老子指例略》、

---

❿　詳見王葆玹〈「穀梁傳疏」所引王弼「周易大演論」佚文考釋〉一文，
　　載《中國哲學史研究》，一九八三年，第四期。且樓宇烈《王弼集校
　　釋》亦有載錄，見第六四九頁。

⓫　王維誠之考證，詳載《北京大學國學季刊》第七卷，第三號。嚴靈

《道德略歸》、《老子略論》、《老子微旨例略》等，當與《老子指
略》同書而異名。

⑶《論語》方面

《論語釋疑》二卷（或云三卷）：此於《隋書》、《新唐書》、
《舊唐書》及《經典釋文》，皆有著錄。但今已不存，唯間見於皇
侃 (488～545) 的《論語義疏》與邢昺的《論語正義》中。清代馬
國翰 (1794～1857)《玉函山房輯佚書》中的輯本，乃是從皇侃《義
疏》、邢昺《正義》、與陸德明《釋文》中采輯而得，共有四十條。
此中，馬氏還漏輯了王弼注《論語・憲問篇》中的一條（語見皇
侃《義疏》之引文）。若將此條再行補入，則合為四十一條。據此
四十一條觀之，雖不甚全，卻仍可窺得王弼《論語》學的一鱗半
爪。

綜上所述，王弼的著作，現在還看得到的，有《周易注》、《周
易略例》、《老子注》、《老子指略》、《論語釋疑輯佚本》等共五種，
《大衍論》則僅見韓康伯《周易・繫辭傳注》及楊士勛《春秋穀
梁傳注疏》的兩個小段引文而已。近人樓宇烈先生對王弼現存的
這些著作，皆有校釋，且將之彙集成書，名為《王弼集校釋》，可
說是今日研究王弼之學的最佳憑藉。

峰之考證，見《老子集成初編三・老子微旨例略後敘》，第一頁下。

# 第二章　家學淵源與時代環境

　　看了王弼學術著作的簡介以後，在驚歎天才早成之餘，也許有人會進一步追問：促成王弼學術成就的外緣因素究竟如何？到底有什麼天時地利的優越條件，助此天才成就了偉大的文化事業？俗語道：「英雄造時勢，時勢造英雄。」王弼的成功，固然由於天才早慧，而家學與時運自是不可忽略的因素。再說，王弼雖是道家心靈，卻兼治《周易》、《論語》與《老子》，想對儒道二家作調和融通的工夫，這段因緣的蛛絲馬跡也是值得探索的。因此，我們若要追察王弼的思想傳承，便不能不了解他的家學淵源與時代環境。

## 第一節　家學淵源

### 一、王弼的家世與荊州學派的關係

　　王弼的家世，從《三國志‧鍾會傳‧裴松之注》中，可以找到三段相關的資料：

　　⑴注引何劭《王弼傳》云：

弼……父業為尚書郎。

(2)注引《博物記》云：

> 初王粲與族兄凱（《集解》曰：吳本、毛本「凱」作「覬」，
> 誤。）俱避地荊州。劉表欲以女妻粲，而嫌其形陋而用率，
> 以凱有風貌，乃以妻凱。凱生業，業即劉表外孫也。蔡邕
> 有書近萬卷，末年載數車與王粲。粲亡後，相國掾魏諷謀
> 反，粲子與焉。既被誅，邕所與書悉入業。業字長緒，位
> 至謁者僕射。子宏（《集解》曰：宋本、元本、毛本「宏」
> 作「玄」，誤。）字正宗，司隸校尉。宏，弼之兄也。

(3)注引《魏氏春秋》云：

> 文帝既誅粲二子，以業嗣粲。

　　這三段記載，說明了王弼的家世，也說明了他和荊州的劉表
(142～208) 與王粲 (177～217) 的關係。原來王弼的祖父王凱，是
王粲的族兄，漢末投奔荊州，娶了劉表的女兒，成了劉表的女婿。
王粲本有兩個兒子，因為跟魏諷之案有牽連，於建安二十四年
(219) 被殺，王弼的父親王業便在那時過繼到王粲家去，成了王粲
的嗣子。因此，王弼不僅是劉表的外曾孫，也是王粲的嗣孫，就
是王暢（王粲之祖）的嗣玄孫了。清代的焦循 (1763～1820) 在他
的《周易補疏・敘》裏，便據裴《注》而清楚地說明了這個關係：
「東漢末，以《易》學名家者，稱荀、劉、馬、鄭。荀謂慈明爽，

劉謂景升表。表之受學於王暢，暢為粲之祖父，與表皆山陽高平人。粲族兄凱為劉表女婿，凱生業，業生二子：長宏，次弼。粲二子既誅，使業為粲嗣。然則王弼者，劉表之外曾孫，即暢之嗣玄孫也。弼之學蓋淵源於劉，而實根本於暢。宏字正宗，亦撰《易義》。王氏兄弟皆以《易》名，可知其所受者遠矣。」

可見王弼的出身，顯然是一個赫赫書香世家的子弟，特別是《易》學傳統的名家子弟。雖然他的父親王業和哥哥王宏後來的名氣並不很大，可是在當時也算是頗有學問和地位的人。王業位至謁者僕射；王宏曾作司隸校尉，並撰有《易義》。且其外曾祖劉表與族祖王粲，均是漢末荊州學派的中心人物。劉表為漢九家《易》之一，王粲入建安七子之林，乃是漢魏之交的學術權威。而劉表的老師，也就是王粲的祖父王暢，更是漢末家喻戶曉的一代名臣。像這樣的家世背景，的確是不比尋常的。至其子嗣，何劭《王弼傳》云：「無子，絕嗣。」而盧弼的《三國志集解》引趙一清的話則說：「晉張湛《列子・序》：『輔嗣女婿趙季子。』然則弼雖乏嗣，亦有女矣。」可知王弼雖然沒生兒子，但至少也有一個女兒。他的女婿就是傳揚《列子》的趙季子。

現在可以作一個王弼的家系簡表，以清眉目：

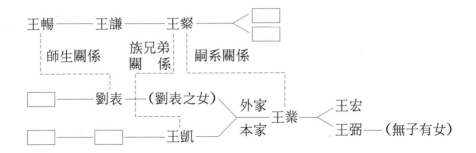

既然，王弼的外曾祖及族祖都是荊州學派的泰斗，他的祖父及父親皆深受荊州學風的洗禮，當然是不成問題的。而王弼生在魏文帝黃初七年 (226)，上距漢獻帝建安十三年 (208) 荊州破亡，才十八年光景。縱使他未曾住過荊州，但從父祖們的口頭談話中或治學方法上，多少還是可以呼吸著荊州的學術氣息的，許多大師的流風餘韻，對他應該並不陌生，這樣便可以想像王弼和荊州學派的精神之銜接了。

## 二、荊州學風的特質及其對王弼思想的啟發

有關荊州學派的實際內容現已不易知曉，但其學風的緣起和特質還是不難考見的。大致說來，荊州學派的緣起是這樣的：約在漢獻帝初平元年至建安十三年 (190～208) 的十八年間，劉表作了荊州刺史，駐節襄陽。當時中原大亂，只有荊州一帶還能保留一點安寧的氣息。就《後漢書・劉表傳》所稱：荊州轄地，南接五嶺，北據漢川（即今湖南、湖北一帶），地方數千里；而劉表本人，招誘有方，威懷兼治；因此萬里肅清，大小皆心悅而誠服。關西、兗、豫學士前來投奔的，大概有一千多人。中原人士都視荊州為託庇之所，逃亡流入的也不下十餘萬家❶。王弼的祖父王凱和族祖王粲就是在那時候前往歸依劉表的。於是劉表便起立學校，博求儒術，領導來歸的天下學者，對經學重新加以研討、整理和改定，特令耆德碩儒綦母闓、宋忠（約 170～210 左右）等撰立《五經章句》，稱為「後定」。據近人的研究，後定之學大致是

---

❶　《三國志・衛覬傳》載：「關中膏腴之地，頃遭荒亂，人民流入荊州者十餘萬家，聞本土安寧，皆企望思歸。」見《集解》本第二一卷，第三三頁。

介於鄭玄 (127～200) 的雜揉今古文經，以及魏晉的崇尚《易》、《老》、《莊》等玄學理論之間，可以說是鄭玄變亂家法、統一經論以後的進一步發展，也是魏晉玄學的濫觴❷。茲就湯用彤先生在《魏晉玄學論稿》一書研究所得，稍作補充及歸納，綜合而得荊州學風的特質及其對王弼思想的啟發凡四：

⑴《周易》見重，並及《太玄》：

　　荊州學風的領導人物，如劉表 (142～208)、宋忠 (約 170～210 左右) 輩均治《周易》。劉表有《周易章句》五卷❸，宋忠有《周易注》九卷 (或云十卷) ❹。除了《周易》，宋忠還對揚雄 (前 58～

---

❷　見余英時〈漢晉之際士之新自覺與新思潮〉一文。《新亞學報》第四卷，第一期，八三～九三頁。

❸　劉表，字景升，為漢九家易之一。焦循在《周易補疏・敘》裏說：「東漢末，以易學名家者，稱荀、劉、馬、鄭。」劉指的就是景升表。據高懷民的考證：「荀勖《中經簿》載有『〈易傳〉十卷』。《隋書・經籍志》有『《周易》五卷，漢荊州牧劉表章句。』新、舊《唐書》並云五卷。是劉氏《易》在隋唐時已失其半，今更無傳。李氏《集解》引劉表《易注》，僅有《謙卦・象傳》與《頤卦・象傳》兩處，馬國翰合此與《釋文》、《正義》等書所引輯為一卷，所見都是些短缺殘文，不足以窺知大體。勉強據以推論，似是持甚穩健的態度解釋經文，有些文字解說與今本異。」見焦循《皇清經解》第一六冊，第一一四七卷，第一頁。見高懷民《兩漢易學史》，第二三四頁。

❹　宋忠，或作宋衷，字仲子。在劉表幕下作五業從事的官，是荊州學派的實際領導人物。《經典釋文》著錄其《周易注》九卷，《七志》則云十卷。(見《經典釋文・序錄》第一卷，第一一頁下所引。) 可惜他的《易注》已亡佚大半，就李鼎祚《周易集解》所輯引的來看，他的風格似是重義理而兼採象數的。虞翻批評他與鄭玄的《易》學，

18) 的《太玄》別有研究，所以《周易》與《太玄》便成當時的
熱門學科。曾受荊州學風影響的虞翻 (170～239)、姚信（約 190～
240 左右）、董遇（約 190～250 左右），都以《易》而廁於著作之
林；直接受荊州學風薰陶的王肅 (195～256)、李譔 (?～260)（皆
從宋忠受業），則不僅治《易》，也治《太玄》。王肅有《太玄經注》，
李譔有《太玄指歸》 ❺。我們都知道，《太玄》雖是仿《易》、準
卦氣之作，但其思想內涵則已孔老雜揉，組成一套儒、道、律、
歷的大系統，有如自作子書，實開魏晉玄學之先路。荊州學者愛
重《周易》，並及《太玄》，則其學術內容必繼揚雄作更自由的發
揮。而王弼所以特別重視《易》、《老》，且其力量能夠擺脫傳統經
教的束縛，一以闡明《老子》的形上學，一以建立義理的新《易》
學，其治學精神自是直承荊州學風而來。

(2)荊州八帙，有契玄理：

　　《南齊書・王僧虔傳》載王僧虔《誡子書》稱：「荊州八帙，
……言家口實，如客至之有設也。」又說：「汝曾未窺……八帙所
載凡有幾家，……而終日欺人，人亦不受汝欺也。」可見荊州的家
數和卷帙實在不少。若就其書為「清談家口實」一點來看，八帙
的內容勢必跟玄理大有相通之處。所以時至南齊，清談家還認為
那是必讀的材料。以王弼父祖們與荊州關係的密切，荊州八帙對
王弼思想的啟發是可以想像的。所以湯用彤先生說：「張湛《列子
注・序》謂正宗與弼均好文籍。《列子》有六卷，原為王弼女婿所

　　　　僅說「忠小差玄」，足見其《易》學亦在漢末頗富盛名。
❺　參見王韶生〈荊州學派與三國學術之關係〉一文，《崇基學報》第四
　　卷，第一期。又高懷民《兩漢易學史》，二三六～二三七頁。

藏。《列子》固非先秦原書，然必就舊文補綴成篇。王氏蓋自正宗（弼兄宏之字），即好玄言。」❻說來王弼玄學思想的孕育，實在跟家學優厚的背景大有關聯呢！

(3)刪劃浮辭，芟除煩重：

本來經學發展到鄭玄（康成），可以說是小統一了。當時海內之士，莫不仰望，咸稱：「伊雒以東，淮漢以北，康成一人而已。」又說：「先儒多闕，鄭氏道備。」鄭玄的學問，要在括囊大典，網羅眾家，刪減章句的繁蕪和瑣碎，以調停折衷今古文的紛爭❼。然而，鄭玄的刪裁並未透徹，而遭通人譏其繁；所以，劉表幕下的荊州學派便繼續鄭玄經學的簡化運動而起，作進一步刪煩去蕪的工夫。《後漢書·劉表傳·惠棟補注》引《劉鎮南碑》說：「君深愍末學遠本離直，乃令諸儒改定《五經章句》，刪劃浮辭，芟除煩重。」這「刪劃浮辭，芟除煩重」八個字，最能表明荊州學派的精神與漢末學風的趨向。他們尚簡厭煩，反對今文學派末流的浮華與破碎的章句，在在都替日後王弼廓清漢學的糟粕樹立先聲。而且，時人既然深愍末學「遠本離直」，自然就要力使末學「返本歸正」，於是對根本之學的探討，也就有了更深一層的需求。

(4)喜張異議，不守舊說：

荊州學風固然繼承鄭玄作刪煩去蕪的淨化工作，但也絕非一味因襲，以鄭玄之學為滿足。當時劉表令綦母闓、宋忠等主編的

---

❻　湯用彤〈王弼之周易論語新義〉一文，見《魏晉玄學論稿》，九二～九四頁。

❼　參見皮錫瑞《經學歷史》，一二一～一二三頁。

《五經章句》，與劉表本人所著的《周易章句》，以及宋忠的《周易注》、《太玄解詁》，王粲的《尚書問》等書，都可說是鄭玄統一經論以後的異軍突起。到了宋忠的弟子王肅，治《易》、《書》、《詩》、《論語》、《三禮》、《左氏春秋》等，特與鄭玄之學大相逕庭，其能不守鄭說而獨樹一幟者，也正表明了劉表、宋忠一系人的作風。他們踔跎不羈，守故之習薄，創新之意濃；所以，湯用彤先生說：「劉表後定，抹煞舊作；宋（忠）王（肅）之學，亦特立異；而王弼之《易》，不遵前人，自係當時學風如此也。」（同❻）這話誠然可信！

就荊州學風的這四項特質來看，其重《易》、涉玄、尚簡、標新，在在都可替王弼的求學背景——尤其是《易》學淵源——找到根據。因此，有人說：「王弼注《易》，祖述王肅。」（清，張惠言）又有人說：「王弼之學，出於宋忠。」（湯用彤）更有人說：「王弼之學淵源於劉表，而實根本於王暢。」（清，焦循）這些話都是按其家學出於荊州的線索上追溯出來的❽。由王弼、王宏，溯至王肅，再至劉表、宋忠，乃至王暢，其家學淵源，不可謂不深遠矣！

再者，王弼家裏的萬卷藏書，也是他治學的有利條件之一。這些藏書的絕大部分，乃是先前蔡邕（字伯喈）(133～192) 贈給王粲 (177～217)，而於王粲及其子死後再轉入王弼家的。所以，《三國志・鍾會傳・盧弼集解》曾作了這樣的推論：「王弼年甫弱冠，即為經學大師，當時名公巨卿，驚歎弗及。竊疑何以早慧若是？蓋緣伯喈藏書萬卷，盡入仲宣（王粲之字），展轉而歸輔嗣，博覽閎通，淵源授受，有自來矣！」一個人有如此優良的家庭背景

❽　張惠言《易學十書》下冊，第一二三六頁。湯用彤《魏晉玄學論稿》，第九四頁。焦循《周易補疏・敘》，第一頁。

和治學環境，當然是受用不淺的囉！

# 第二節　時代環境

## 一、魏晉新思潮的興起

眾所周知，王弼生長的時代，乃是中國歷史上的一個大亂世
──魏晉南北朝。這個時代，從西元二二○年曹丕篡漢以後，到
西元五八一年楊堅建立隋朝，大概上下三四百年間，是中國從古
典的秦漢王朝進展到新型態的隋唐王朝的過渡階段，也是中國歷
史與文化發生蛻變的關鍵時期。若就當時的政治局面和社會情勢
看，實在是不景氣，甚至到了分崩離析、動盪不安的程度；但就
文化思潮的特質看，卻表現出個人自我意識的覺醒與思辨的自由。
無論在經學、史學、哲學、文學、藝術以及宗教諸方面，都予人
以煥然一新的感覺，可謂新潮澎湃、奇義風生，乃是中國歷史上
的一次文化大革新❾。

然而，這次的大革新，儘管局面廣大、特徵顯著，卻也不是
突如其來的。章太炎先生論〈五朝學〉時曾說：「俗士皆曰：秦漢
之政踔踔異晚周，六朝之俗子爾殊於漢之東都。其言雖有類似，
魏晉俗本之漢，陂陀從迹以至，非能驟潰。」❿魏晉之學所以異於
兩漢，而為隋唐義疏學及佛學之先導，其因革推移，實亦漸靡而
至，有跡可尋。此一時潮蛻變的主要原因與跡象，可從以下兩方

---

❾　參見沈剛伯〈論文化蛻變兼述我國歷史上的第一次文化大革新〉一
　　文，《中山學術文化集刊》第一集，五○一～五一八頁。

❿　語出《章氏叢書・文錄》第一卷。

面來看:

## (1)就政治黑暗的影響看

　　自東漢桓、靈二帝起，宦官、外戚、黨錮、黃巾之亂，殺戮連綿，民不聊生，已導致《老》、《莊》思想的復活，與佛道二教的流行。而魏武的貴刑名、魏文的慕通達、曹子建的尚玄虛、魏明帝的尊法術，更使儒家的道德標準失掉了主導的作用。加以魏晉南北朝數百年間，爭權奪利，結黨誅殺，永無停息。因此，士大夫們不僅苦於思想乍失憑依，更有朝不保夕的恐懼。故自漢末清流儒士抵制戚宦濁流而一再慘遭黨禍族戮之後，整個士風便有了甚大的轉變。多數士人在激揚憤世的氣概中，已開始棄冠冕而著幅巾，忽世事而務清談，又盛行品題人物，具以之標榜相高，遂漸漸有了崇尚風雅的一股潮流。時至魏晉，則「玉柄麈尾」的名士風流便順其自然地取代了「端委摺紳」的博士作風。於是，有識者乃藉談辯以找尋安身立命的意義；徬徨者乃以談辯為抒發苦悶心態的出路；勢利者，乃以談辯為攀龍附鳳的進身階；隨風逐流者則以談辯為尋歡取樂、麻醉人生的憑藉。清談玄學就在這種情勢下大大地風行了起來。

## (2)就學術流變的趨勢看

　　漢自武帝以後，獨尊儒術，經學盛極一時。當時，治學的範疇，以五經為主，《論》、《孟》次之；學術思想，多本天人感應；解經方法，前漢尚明大義微言，後漢則詳章句訓詁。而今古文經派，又壁壘相攻，不稍融合，師法之下復分家法，如幹既分枝，枝又分枝，枝葉繁滋，浸失其本。蓋儒術獨尊日久，難免由權威

走向定型、僵滯、分化、衰微，以致流於便辭巧說、繁文縟節、支離瑣碎，而喪失其維繫社會文化的效用。尤以政治腐敗，內亂外患交織，作為漢代精神基礎的天人之學更是漸失屏障，《老》、《莊》思想的勢力便逐日從潛存中默長，猶如一道伏流漸漸呈現大地。於是求原理、尚簡化的思想，便應運而生。東漢末葉雅好《易》、《老》、《莊》的愈來愈多，道教服食求仙的風氣也逐日廣傳於士大夫中；宋忠、劉表所主持的荊州學風也以刪除繁重、標張新義為名；而佛學又於此時漸行中國。故至魏晉，時人便自然而然地對儒釋道的異同發生了最大的興趣，對孔子所罕言的性與天道，以及怪、力、亂、神諸事也產生了好奇心，因此紛紛成為清談論辯及學術著作的熱門題材。

　　當時，整個文化思潮就在政治黑暗的影響下，以及學術流變的趨勢下，愈轉而愈異於漢代的儒學統治了。簡單地說，在經學上，乃由儒家思想的經典，變為攙雜道家思想的經典；在史學上，已不復儒家經學所能籠罩，而有許多史學體制（尤其是人物學）的創新；在哲學上，乃由天人感應的陰陽五行之說，逐步走向《易》、《老》、《莊》等玄學理論的建設；在文學上，脫離附屬於經學的地位，而有文學理論與純文藝作品的出現；在宗教上，張陵的五斗米教與張角的太平道開始大行於民間，而佛學思想也慢慢伸進中國人的信仰圈了。在人生觀的改變上，則以自我的覺醒為基礎，而以個人主義、自然主義為歸宿，傳統的禮儀名教再也束縛不了人心了。總而言之，這個時代的文化思潮，顯然具有一種共同的特徵，便是覺醒與自由。所以，錢穆先生說：「魏晉南北朝的學術思想，亦可以一言以蔽之，曰『個人自我之覺醒』是已。」⓫

⓫　錢穆《國學概論》，第一五〇頁。

　　王弼就是生長在這樣一個自我意識覺醒而道家意味濃厚的時代。以他的才性，篤好《老子》的自然與玄遠，又靈敏察慧，帶有幾分藝術家的浪漫精神；再加上他的家學——荊州學風——鼓吹新學作風的影響；所以他便毫無顧忌地穿上入時的新裝，站在時代潮流的尖端，以熱烈的懷疑精神，擺棄漢儒囿於訓詁的經說，用自由奔放的態度，建設了自己的思想體系，正如朱熹所謂「舍經而自作文」，迥異於漢儒解經的「依經演繹」了！他一方面注《易》，結束兩漢以來象數易發展到泛濫無歸的弊習；一方面注《老》，下開魏晉三百年《老》學之玄風；一方面作《論語釋疑》，完成儒理玄學化的一貫目標。《易》、《老》、《莊》三玄，他就獨有其二；且其與時人的清談論辯，也叫晉人追思不已。王弼固是時潮中人，而時潮也因他而增輝不少！

## 二、正始談辯與王弼思想基礎的奠立

　　清朝的趙翼 (1727～1814) 在《二十二史箚記》中說：「清談者起於魏正始中，何晏、王弼祖述《老》、《莊》。」近人多有反對或補充的意見。如朱寶檉先生云：「說清談起於魏正始中，顯係誤謬。蓋李膺、符融、郭太、邊讓、孔融等，都是漢桓帝時代的人物，他們都是很健談的。符融與李膺『振袂清談』，其時間當在桓帝延熹九年以前，其事在初平前二十餘年，並早於正始約八十年。」即認為清談起於漢末。如劉師培 (1884～1919) 先生云：「蓋嘏、粲諸人辨理名理，均當明帝太和時，固較王、何為尤早也。」即認為清談起於魏明帝太和初年的傅嘏 (209～255)、荀粲（約 203～231）；日本漢學家青木正兒、松本雅明等也大都採信同樣的看法。而余英時先生則持融通的意見，補充趙翼的見解說：「崇尚玄遠，乃為

漢晉間士大夫內心自覺之一般傾向，則正始之音，其來有自，而太和玄談亦無足異矣。故謂粲、傅之談論已先王、何而涉及宇宙之本體則可；至於援引道家，正式建立玄學體系，則王弼、何晏實為吾國中古思想史上劃時代之人物，他人不能奪其席也。」**⓬**據此看來，魏晉清談雖從東漢的經說論爭及清議聚談之習流衍而來；到魏明帝太和年間傅嘏、荀粲的談座，已粗具雛型；但是真正樹立規模，並在一時代中引起廣泛迴響的，還是當從何晏、王弼的正始談座開始。所以晉以後的清談者，每逢剖辯理源，談到最精采的時候，便要追思「正始之音」，並將最健談者比為何平叔（晏）及王輔嗣（弼）。

魏晉清談，若就談辯的形式看，乃是集二人以上，針對某一問題，提出攻難論辯的一種聚談。通常須先設定一個主題。在談座上，首先發難的，可以設問一難，使彼先言；也可以自標一理，先陳己見，稱為「談端」。有了談端，要攻的人便可就發難者的問題重心，提出己見；也可就其理論或用辭上的不當處，尋隙進攻；如此往返對質一遍，謂之「一番」。若對方不服，即可提出駁斥，進行第二番以下的論難，直到某方服輸或其口已不能再置一辭為止。因此，精采的談座，往往持續許多番，甚至到了廢寢忘食的地步，還在進行拉鋸戰。而碰到這種難分難捨的場面，最需要的

---

**⓬** 趙翼〈六朝清談之習〉，見《二十二史劄記》第八卷，第一六五頁。朱實楨〈清談考〉，見《幼獅學報》第四卷，一、二期，一～三頁。劉師培〈中國中古文學史講義〉，見《劉申叔先生遺書》第四冊，第二六七六頁。青木正兒、松本雅明之文，見《史學雜誌》第五〇編第三號、第五一編第二號至第四號。余英時〈漢晉之際士之新自覺與新思潮〉，見《新亞學報》第四卷，第一期，一〇一～一〇四頁。

便是一位第三者出來排解僵局；譬如太和談座，當傅嘏與荀粲談
到「格而不相得」時，裴徽便出來，「通彼我之懷，為二家釋。」❸
同樣，東晉中葉，劉惔 (312～347) 與王濛 (309～347) 等人論到「客
主不通處」，張憑（約 312～347 左右）便於末座加以剖判，使「暢
彼我之懷」❹。由此可見清談雙方或是出來調解的第三者，他若
想在談辯中博取最後的勝利，使在座諸人盡都屈服，不僅論辯的
內容要出色，論辯的技巧也當高明。這就如同作戰不只需靠軍事
的實力，還要懂得戰術的運用。當時，凡以內容取勝的，稱為「理
勝」；凡以技巧或音辭取勝的，稱為「辭勝」。劉邵《人物志‧材
理篇》說：「理勝者，正白黑以廣論，釋微妙而通之；辭勝者，破
正理以求異，求異則正失矣！」因為理勝者，必須具備「正白黑以
廣論，釋微妙而通之」的邏輯批判、哲學冥想及博古通今的能力，
故他所能論涉的課題乃廣及經、史、子、集與宗教諸方面；但在
談辯時，為了不被對方尋得理論破綻起見，其出語便有趨於「玄
遠省約」的傾向。而辭勝者，因需具有「破正理以求異」的機捷
狡辯力，故其出語則多半避重就輕，標新立異，務以危言聳聽或
巧言感人，因此而有諷刺、比喻、冷言、危語等文學技巧的靈活
運用❺。當然，過度注重辭勝，勢必走向口舌之辯，而不復汲汲

---

❸ 見《世說新語‧文學篇》第九條，並注引《粲別傳》，第一五三頁。

❹ 見《晉書‧張憑傳》第七五卷，第四三頁。並見《世說新語‧文學
篇》第五三條，第一八三頁。

❺ 《世說新語‧言語篇》所載，有談家之慧語，有文士之巧言，警句
霏霏，片言入微，其中已顯見諷刺、比喻等文學技巧的靈活運用。
如第三、一〇、二五、三〇、四三、八四、九四、九八諸條，即見
捧中帶貶的諷刺技巧。如第二、五、六、八、九、一〇、一三、一
五、一七、二〇、二二、二八、二九、三五、四四、四六、四七、

於理論的探討，這樣便隱含了技巧熟練而內容空虛的流弊。

正始年，是魏晉新思潮剛剛勃興的時代，當時的論壇高士，如裴徽（約 209～250 左右）、傅嘏 (209～255)、何晏 (193 左右～249)、鍾會 (225～264)、王廣 (207 左右～251)、李豐 (204 左右～254)、夏侯玄 (209～254) 以及王弼等人，處在新舊文化交替的關鍵上，一方面固然能夠呼吸著自由思想與盡情發表的空氣，另一方面也有許多徬徨迷失和沒有信仰的痛苦。比如孔老地位的優劣、理想聖人的標準、才性的同異離合、養生的效果、宇宙的本體、人生的意義、求學的態度、治《易》的原則、夢神鬼的怪事、有與無的分辨、言與意的關係……，凡此等等，在在都是困擾時人心胸的大問題，所以一時便成為談辯論難的主題❻。他們藉著談辯以建立、充實，並完成自己的思想，也藉著談玄說道來抒解心中的懷疑和苦悶。所以當時的談辯大致以「求理」為目的，「理勝」者自較「辭勝」者為多。王弼參與正始談座，主要便是以「理」取勝的。故其思想基礎的奠立，就從他與何晏、裴徽的談辯，及其戲答荀融的對話中，便可找到一些線索。以下則就兩方面分說：

## （一）與裴徽論「聖人體無而言有」

何劭《王弼傳》載：

> 五一、五五、五七、六六、六七、六八、七一、七四、七六、八五、八六、九〇、九二、九五、九六諸條，即見古今對比或同類相譬的引喻技巧。如第一九、四一、四八、五一諸條，乃屬理致幽遠之名言。如第一、四、一一、一二諸條，則表現自圓其說之機智。此外，亦有引《詩》以答，引《易》以答，或借重人言以為譬喻者。

❻ 詳見林麗真《魏晉清談主題之研究》，民國六十七年臺大中文研究所博士畢業論文。

　　　時裴徽為吏部郎，弼未弱冠往造焉，徽一見而異之。問弼
　　　曰：「夫無者，誠萬物之所資也；然聖人莫肯致言，而老子
　　　申之無已者何?」弼曰：「聖人體無，無又不可以訓，故不
　　　說也。老子是有者也，故恆言無所不足。」

《世說新語・文學篇》也引了這段對話❶，文字大同小異，唯此
處「恆言無所不足」，當據《世說新語》改為「恆言（訓）其所不
足」，較為可通。這段談辯的核心在「聖人體無」與「老子是有」
二句。這裏不僅涉及孔老地位的分辨、有無問題的爭議，也可看
出王弼調和儒道思想的努力。由這段文字，我們必須注意的是：

　　第一，裴徽所云：「夫無者，誠萬物之所資也。」實即王弼及
當代多數學者共同的觀念。他們都認為「無」才是萬物的根本，
所採信的正是《老子》第四十章「天地萬物生於有，有生於無」
的宇宙觀和本體觀。

　　第二，王弼所推崇的理想人格是孔子，而非老子；他跟裴徽
所論及的「聖人」，指的就是孔子。蓋自漢代以來，孔子一直被尊
為上上等之聖人，而與堯舜禹湯文武同列；雖然時至魏代，《老》、
《莊》思想已經擡頭，可是孔子的權威地位還是存留於玄學家們
的心目中。周顒也說：「何、王舊說，皆云老不及聖。」❶可見他

<hr />

❶　《世說新語・文學篇》第八條載：「王輔嗣弱冠詣裴徽，徽問曰：『夫
　　無者，誠萬物之所資，聖人莫肯致言，而老子申之無已，何邪?』弼
　　曰：『聖人體無，無又不可以訓，故言必及有。老莊未免於有，恆訓
　　其所不足。』」第一五二頁。
❶　周顒〈重答張長史書〉，見僧祐《弘明集》所引，第六卷，第一二頁
　　下。

們並沒有輕視孔子，對於經學也沒有完全放棄。

　　第三，王弼既然不敢否認孔子的聖人地位，但又私心愛慕《老子》的道體，所以便採取調和的論調，說孔老兩家，都知道「無」為「萬物之所資」，只是一個說出，一個不說出而已。至於老子的「說出」，為何比不上孔子的「不說出」呢？正因為老子是「口頭無」，不過能說而已；孔子才是真正的「體無」者，已經達到以無用有、以本統末、以自然之玄德來駕御名教的境地。所以孔子可以不需「說無」，而直接地「體無用有」。換言之，「在老子的思想中，尚有有無的對立。他從有希望無，所以常說無。在孔子的思想中，有無的對立已統一起來，孔子已與無同體。從無說有，所以常說有。用『極高明而道中庸』的標準說，老子不『道中庸』，正因其尚未『極高明』。孔子已『極高明』，所以他『道中庸』。」❶⑨

　　第四，王弼本著這種解說方式，表面看來既不減低孔子的聖人地位，卻又把老子的本無思想擡高，的確很能紓解當時人們的疑難。因此在談座上，裴徽一見，即大異其才；何晏一見，亦嘆為「後生可畏」。其實，王弼在調和儒道「有」、「無」的衝突時，已經大大誤解了孔子，也混淆了儒道兩派思想體系的界限。因他以其所了解的道家之「無」，來說「聖人體無」，對於孔子立教與孔門義理的真精神——即仁與天道性命，便忽略了。所以，他所推崇的孔子，就不再是體仁行仁的儒聖，而成為道家化的孔子了。

## （二）與何晏、荀融論「聖人有情而無累」

　　何劭《王弼傳》云：

---

❶⑨　馮友蘭《新原道》，第一三一頁。

何晏以為聖人無喜怒哀樂，其論甚精，鍾會等述之。弼與不同，以為：「聖人茂於人者神明也，同於人者五情也。神明茂，故能體沖和以通無；五情同，故不能無哀樂以應物。然則聖人之情，應物而無累於物者也。今以其無累，便謂不復應物，失之多矣。」

又云：

弼注《易》，潁川人荀融難弼《大衍論》，弼答其意，白書以戲之曰：「夫明足以尋極幽微，而不能去自然之性。顏子之量，孔父之所預在，然遇之不能無樂，喪之不能無哀。又常狹斯人，以為未能以情從理者也，而今乃知自然之不可革。是足下之量，雖已定乎胸臆之內，然而隔逾旬朔，何其相思之多乎？故知尼父之於顏子，可以無大過矣。」

這兩段記載，第一段是王弼與何晏、鍾會等人共論「聖人有情與否」的節錄；第二段是王弼自比尼父（孔子），戲答荀融的一封信，信的內容乃在說明「聖人有情」。湯用彤先生說：「按諸此文，當時論者顯分二派。二方均言聖人無累於物。但何、鍾等以為聖人無情，王弼以為聖人有情，並謂有情無情之別則在應物與不應物。」❷ 可以說是這兩段文字的大意。何晏的說法，史未詳載，據湯氏的揣度：「當是繼承漢人的『聖人象天』之舊說，再參以漢魏之交的自然哲學（以天謂自然，而非有意志的天）所形成。」（同

---

❷　湯用彤〈王弼聖人有情義釋〉一文，見《魏晉玄學論稿》，七七～八九頁。

❷）但據馮友蘭先生的推測:「其大意,大概是先秦道家所持『以理化情』或『以情從理』之說。」❷究竟何晏的見解是如湯氏所謂「聖人法天故無情」呢? 還是如馮氏所謂「聖人以理化情故無情」呢? 實難斷言。至於王弼的說法,由上列二段記載看,顯然有意調會儒道思想的衝突;而調會之道,則與「體無用有」、「以本統末」的原則有關。今再細解如下:

第一,王弼肯定人皆有情,即或聖人也不例外。故舉孔子對於顏淵有「遇之不能無樂,喪之不能無哀」為例,證明喜怒哀樂的感情乃是人所同具的,並不需要刻意地禁絕它,或矯飾地否認它。

第二,既然人皆有情,但聖人的有情畢竟與常人的有情不同。如何不同? 即在「無累」與「有累」而已。何以聖人有情而無累,常人卻有情而有累? 則視其能否「體無」而定。何以聖人能體無,常人則不能? 主要原因乃在聖人具有超越常人的「神明」。何謂神明? 若參以王弼《老子注》中的意見,即知是指玄覽(觀照)本體的能力,亦即「崇本」、「體無」的能力。這種能力,是一種超乎感情與理性的自覺之智。所以說:「玄覽無疵,猶絕聖也。」(《老子注》第十章) 又說:「智慧自備,為則偽也。」(《老子注》第二章)

第三,由於聖人特具這種覺照的智慧,所以他便異於常人地能夠返本歸源,妙體沖和以通無。然後以無執、無累的心順應世事,不為世事所牽所惑;發而為情,亦能以情從理,不為五情所困所累;而達到「本末不離」、「體用如一」的境地。故《老子注》第三十九章說:「聖人達自然之至,暢萬物之情,故因而不為、順

---

❷　馮友蘭《新原道》,一三三～一三四頁。

而不施，除其所以迷，去其所以惑，故心不亂，而物性自得之也。」
這正是「以本統末」、「以無應有」的人生境界。

　　依此觀之，王弼的人生原則，就在「聖人體無而言有」與「聖
人有情而無累」兩大論旨中顯現。這兩大論旨合起來，就是一個
體用問題或本末問題。他想用老子的精神為體（本），而以儒家的
表現為用（末），來融合儒道的不同。在儒家的思想上賦予形而上
的「無」的概念，以拉近於玄理的範圍中；其次再把儒家的「情」
發揮，以補充道家形而下世界的處理。表面上是要調和儒道，骨
子裏已經讓《老子》的思想取得了壓倒式的勝利；因其全副精神
乃在「體無」、「無累」，他口中的孔子根本是個「應物而無累於物」
的道家化了的理想人物。

# 第三章　老子注析論

## 第一節　「崇本息末」原則的提出

　　黃老思想在漢初本是當政派的思想，但自漢武帝抑黜百家、
獨尊經術之後，不論政治或學術都標榜儒家的名節禮教，黃老思
想自不免被黜，於是它便漸漸退出政壇，成為學術上的一道伏流。
雖然私慕或研究的人並不多，但其勢力卻未中竭。例如武帝時，
楊王孫即學黃老之術，死而求能裸葬，以返其真❶；淮南王劉安
亦著《原道訓》、《道應訓》，雜引《老子》之文以為解說❷；稍後，
鄰氏、傅氏、徐氏、劉向、毋丘望之、嚴君平等，亦皆以注家為
《老》、《莊》（特別是《老子》）解義❸。其中，嚴君平甚且私下

---

❶　《漢書・楊王孫傳》云：「楊王孫者，孝武時人也。學黃老之術。家
　　業千金，厚自奉，養生亡所不致。及病且終，先令其子曰：『吾欲贏
　　葬，以反吾真，必無易吾意。……』」《補注》本第六七卷，第一頁。

❷　淮南王劉安《原道訓》，見《淮南子》第一卷。《道應訓》見《淮南
　　子》第一二卷。

❸　《漢書・藝文志・諸子略》載錄西漢為《老子》解義者，有：《老子
　　鄰氏經傳》四篇、《老子傅氏經說》三十七篇、《老子徐氏經說》六
　　篇、《劉向說老子》四篇。見第三〇卷，三四～三六頁。陸德明《經

授徒，譬如成、哀、平間的大學者揚雄，即是他的學生❹。可見道家雖非學術主流，但暗中受其影響的卻是不少。到了東漢，儒學經教虛偽不實、繁文縟節的流弊百生，道家暗中滋長的情勢也就日益顯明。據《後漢書》所載，任隗、鄭均、楊厚、樊瑞、范升、楚王英、向長、梁鴻、矯慎、張純、淳于恭、翟輔、高恢、班嗣、馮衍、張霸、趙咨，乃至馬融、王充、仲長統、張衡等人，皆嘗企慕玄遠，頗好《老子》之學，或仰其自然無為之理，或尚其以退為進之術，或學為養生遯隱之道❺。可以說《老》學默長

---

典釋文・序錄》則添入母丘望之、嚴遵二人。此皆成、哀以前述《老》之學者。

❹ 《漢書・王貢兩龔鮑傳》云：「蜀有嚴君平，……閉肆下簾而授《老子》。博覽亡不通，依嚴周（莊周）之指著書十餘萬言。揚雄少時從游學，已而仕京師顯名，數為朝廷在位賢者稱君平德。」（第七二卷）。

❺ 據《後漢書》所載，任隗「少好黃老，清靜寡欲」（第二一卷）；鄭均「少好黃老書」（第二七卷）；楊厚「歸家修黃老，教授門生，上名錄者三千餘人」（第三〇卷）；樊瑞「好黃老言，清靜少欲」（第三二卷）；范升「習梁丘《易》、《老子》，教授後生」（第三六卷）；楚王英「晚節更喜黃老，學為浮屠，齋戒祭祀」（第四二卷）；向長「隱居不仕，性尚中和，好通《老》、《易》」（第八三卷）；梁鴻「少好《老子》，隱於華陰山中」（第八三卷）；矯慎「少學黃老，遯隱山谷」（第八三卷）；張純為大司空，「在位務於無為」（第三五卷）；淳于恭「善說《老子》，清淨不慕榮名」（第三九卷）；翟輔「好《老子》，尤善圖讖天文曆算」（第四八卷）；高恢「少好《老子》」（第八三卷）；班嗣「雖修儒學，然貴老嚴之術」（《漢書》第一〇〇卷上《敍傳》）；馮衍自謂「觀覽乎孔老之論，庶幾乎松喬之福」（第二八卷下）；張霸有感於《老子》「知足不辱」之言，故上表請病（第三六卷）；趙咨臨終遺言，多悟莊生「反素復始，歸於無端」之旨（第三九卷）；馬融有「《老子注》二卷」（第六〇卷上）；仲長統作論云「安神閨房，

至此，就如同伏流之漸露地表，且有愈衍愈壯的趨勢。

　　魏朝初年，太和談座上，荀粲即思慕孔子所罕言的「性與天道」；正始談座上，人人更大談起「孔老有無」的問題，而且公認《老子》的「天地萬物生於有，有生於無」的宇宙觀和本體觀。一時風響雲從，好《老》者多，好《莊》者亦興起，頗有「聃周當路，與尼父爭塗」的架勢。這股「儒學式微、老莊學勃興」的趨勢，可說是漢魏之際學術遞轉的明顯跡象。然而，若就此一跡象背後的思想要求來看，則可說是人們對於兩漢以來「一經說至百餘萬言」等繁瑣經學形式的厭棄；也是對於陰陽數術、天人交感等神秘化、宗教化理論的反感。因此，他們便希圖從《老》、《莊》的自然主義中找到一條清通簡要、又經得起理論思辨的根本之道，以對治經學末流的諸種弊端。所以，當時的儒道之爭，也就集中地表現到「本末」、「體用」、「有無」等問題的討論上來了。

　　「本」與「末」，原是一般性的概念，指事物的根本與細節、原始與流變；日常用語也有所謂「崇本抑末」、「捨本逐末」、「本末有序」等。在《禮記・大學篇》中即說：「物有本末，事有始終，知所先後，則近道矣！……其本亂而末治者否矣！」然而，付予「本」、「末」以哲學義涵，把「崇本息末」當作基本原則標舉出來，以詮釋《易》、《老》，並試圖貫通玄理中的「體用」、「有無」等問題，進而解決學術史上的儒道之爭，王弼則是第一人。在《老子指略》中，王弼就很明確地指出：

　　　《老子》之書，其幾乎可一言而蔽之。噫！崇本息末而已

───────────────

　　思老氏之玄虛」（第四九卷）；張衡作《思玄賦》、《歸田賦》，蓋本老
　　氏之玄言；……凡此皆見東漢貴玄宗《老》之風已漸盛。

矣！觀其所由，尋其所歸，言不遠宗，事不失主。文雖五
千，貫之者一；義雖廣瞻，眾則同類。解其一言而蔽之，
則無幽而不識；每事各為意，則雖辯而愈惑。

「崇本息末」，是王弼替《老子》五千言所尋得的「一言而蔽之」
的一貫思想體系。《老子注》本文及《老子指略》中，他也一再申
述此意。言下，他所說的「本」與「末」，以及「崇本」與「息末」
之間的關係，是具有極精微的哲學內涵的。因此，他才會說：「解
其一言而蔽之，則無幽而不識。」我們可以說，王弼所以能以短短
二十四歲的有生之年，完成許多學術論著，若就治學的大綱領來
說，主要便在於他發現了一套「以簡御繁」的「崇本息末」之道。
因此他不走漢儒皓首窮經的老路，不孜孜矻矻於析辭解句，而能
直從《易》、《老》的精髓，詮釋玄理，抒發己見。本文有見於此，
故以「崇本息末」義為重心，析述其真正內涵，並對此一內涵所
涉及之三大觀念——貴無而不賤有、名教出於自然、忘言忘象以
得意——提出探討與批評。一則以觀王弼老學之體系；再則以見
王弼調會儒道之工夫；進則以論王弼玄理所引發之時代思潮問題。

# 第二節　「崇本息末」義

## 一、「本」義

「本」，照字面的意義，與根、始、原、初、基、宗、主、母
等義相通。但照王弼的用法，「本」字多偏指天地之始、萬有之母、
品物之宗，也就是指宇宙的本體。因此，要想探究王弼所謂的「本」，

必定涉及他的本體論思想。《老子注》第四十章云：

> 天下之物，……以無為本。

據此，即可粗略得知王弼心目中的「本」，並未涵具《論》、《孟》、《學》、《庸》所言的「天下大本」在「仁」、在「中」、在「修身」的道德意義❻；也摒除了漢儒所謂「道之大原，在於天」，「天者，百神之君也，王者之所最尊也」的神權觀念❼。他所指稱的「本」，大抵依從他對《老子》的領悟：以「無」為本。《晉書‧王衍傳》便說：「魏正始中，何晏、王弼等祖述《老》、《莊》立論，天地萬物皆以無為本。」

　　「以無為本」，是王弼哲學中最基本的一個觀念。為什麼王弼要以「無」來指稱本體？表面上，這是由道體對照於萬物所見之相而言的。他說：

> 夫物之所以生，功之所以成，必生乎無形，由乎無名。無形無名者，萬物之宗也。（《老子指略》）

無形，是指沒有具體的形象可以感覺；無名，是指沒有特定的物事可以名謂。由於道的本體（萬物之宗），在王弼看，根本不是一

---

❻　四書言「本」多就道德義而發。如《論語‧學而篇》云：「君子務本，本立而道生，孝弟也者，其為仁之本與!」《孟子‧離婁上》云：「天下之本在國，國之本在家，家之本在身。」《中庸》云：「中也者天下之大本也。」《大學》云：「自天子以至於庶人，壹是皆以修身為本。」

❼　見董仲舒《春秋繁露‧郊義》，賴炎元今註今譯本，第三七四頁。

種物質性的東西，它不同於萬有的實際存在，所以不受形與名的限制，也不容易經由人的感官或語言去把握。《老子指略》說：「形必有所分，聲必有所屬。」《老子注》第三十八章說：「名則有所分，形則有所止。」至無的道體既無可分解，亦無有止限，它當然是超越形象與名謂的。故於《老子注》的第一、六、八、十四、十五、二十二、二十五、三十二、三十五、四十一、四十七、四十九……諸章中，一提及此道，王弼每以「無形無名」、「無形無體」、「無形不繫」、「無形無識」、「不見其形」、「寂寥無形體」、「隱而無名」、「深遠不可得見」、「混然不可得而知」、「容象不可得而形名」、「無形、無象、無聲、無響，……更以我耳、目、體不知為名。」……等語形容之。《老子指略》更清楚地表明：「不溫不涼，不宮不商。聽之不可得而聞，視之不可得而彰，體之不可得而知，味之不可得而嘗。故其為物也混成，為象也則無形，為音也則希聲，為味也則無呈。故能為品物之宗主，苞通天地，靡使不經也。」凡此諸語，皆在在說明：萬物之相，是「有」；而道體之相，則是「無」。王弼《老子注》中描述此一寂然至無之道相者極多，對《老子》第十四章：「道，視之不可見，聽之不可聞，搏之不可得」，以及第一章「道可道，非常道；名可名，非常名」的詮解，可說淋漓盡致。

　　王弼既以「無」表無形無名的本體，相對於有形有名的萬有而言，則此「無」顯然具有形而上的意義。它絕不是空無一物的「零」，也不是邏輯上否定所指的「無」。而且，也與存在主義者所說的「虛無」，或佛家所說的無自性的「空」不同。因為空洞的「零」，毫無思想內涵可言，根本不可能是宇宙的本體；邏輯上的「非有」，乃指思辨上的否定命題，它與肯定相對，本不含有形而

上或人生的意義；王弼之「無」則非如此。而存在主義者在追求
價值根源或真實意義時，感到無可捉摸、百無聊賴，便視「虛無」
為苦海深淵；佛家亦視人間一切事相為虛幻、無常、不真；王弼
之「無」則無空洞虛幻的意味。他曾如此注解道體：

> 欲言無邪，而物由以成；欲言有邪，而不見其形；故曰無
> 狀之狀，無物之象也。（《老子注》第十四章）

這是說：作為宇宙本體的「無」，就道相看，是沒有形狀，也沒有
物象的；但它並不是子虛烏有的「無」，否則萬物怎麼可能由它來
生成？然而，若說它是具有內涵的，則又絕對不同於一般的存有，
否則它怎麼總是看不到、聽不到、聞不到，又觸覺不到呢？《老子
注》第六章即同樣描述此一道體是「欲言存邪，則不見其形；欲
言亡邪，萬物以之生；故緜緜若存也。」可見王弼所謂「以無為本」
的「無」，實是超越了「有」、「無」相對的一種至高無上的「至無」，
它是萬有「所以生」、「所以成」的本源和根據。雖就道相看，為
無形無名；但就道用言，則神妙無邊。因此它也應該可以稱得上
是一個最究底的「真」、最無偽的「樸」，如第八十一章注說：「本，
在樸也。」第十章注說：「一，人之真也。」同時，它也可以說是至
極無限的「大」、「一」，如第三十八章注說：「夫大之極也，其唯
道乎！」第八十一章注說：「極，在一也。」總之，此「無」實可視
同「無限的有」，或「無限的妙用」。所以，它的玄、深、大、微、
遠，的確是不容易以人間的語言文字來充分表達的。《老子指略》
便這樣說：

夫道也者，取乎萬物之所由也；玄也者，取乎幽冥之所出
也；深也者，取乎探賾而不可究也；大也者，取乎彌綸而
不可極也；遠也者，取乎綿邈而不可及也；微也者，取乎
幽微而不可覩也。然則，道、玄、深、大、微、遠之言，
各有其義，未盡其極者也。然彌綸無極，不可名細；微妙
無形，不可名大。是以篇云「字之曰道」、「謂之曰玄」，而
不名也。

以「道」、「玄」、「深」、「大」、「微」、「遠」，甚至「極」、「一」、
「真」、「樸」等來描繪或指稱宇宙本體，王弼認為都是「勉強名
之」而已。這就表示：無形無名的本體，是絕不能理解作「零」、
「非有」、「虛無失落」或「空幻無常」諸義的。故以「無」名「道」，
除了表明道體的無形無名，同時也正表明道用的無限偉大。

王弼認為：無形無名的「無」，是道之體；有形有名的「有」，
是道之用。唯有超越一切規定性的「無」，才可成就任何具體規定
性的「有」。所以「無」是「有」的本始本源，也是「有」的存在
根據。為了論證這一個觀點，王弼特別作了以下的分析。《老子注》
第一章說：

凡有皆始於無。故未形無名之時，則為萬物之始；及其有
形有名之時，則長之、育之、亭之、毒之，為其母也。言
道以無形無名始成萬物。以始以成，而不知其所以，玄之
又玄也。……在首，則謂之始；在終，則謂之母。玄者，
冥也，默然無有也，始、母之所出也。

這裏，王弼的意思當是：「無形無名的道，既於萬物『未形無名之時』，始萬物；又於萬物『有形有名之時』，成萬物、終萬物。自其『終萬物』言，則謂之母。自其『首萬物』言，則謂之始。」❽據此，「無」的觀念似乎含具著兩層不同卻又互相聯繫的意義：

第一，就宇宙論的角度看，在萬物未形無名之時，「道」(「無」)既先物而有，且含生物之性而為萬物之所由出，這正表明「道」具先在性與獨存性。換言之，此時的「道」(或謂之「無」)，是當作在天地萬物之上、之外而可生出天地萬物的一個至高無上的「獨立本體」來看待的。故《老子注》第四章說：「天地莫能及之，不亦似帝之先乎！」第二十五章注說：「道，取於無物而不由也。……不知其誰之子，故先天地生。」第十四、五十一諸章注文中，亦屢見此意。既是如此，則當萬物的活動停止、形體消散時，「道」(「無」)也就自然成為萬有的極致與歸趨了。因此，《老子注》第二十五章又說：「無物之匹，故曰獨立也。返化終始，不失其常，故曰不改也。」「不隨於所適，其體獨立，故曰反也。」第十六章注也說：「致虛物之極篤，守靜物之真正也。」「故萬物雖並動作，卒復歸於虛靜，是物之極篤也。」「各反其所始也。」「復命則得性命之常。」《周易・復卦・彖傳注》也同有此意：「復者，反本之謂也。天地以本為心者也。凡動息則靜，靜非對動者也；語息則默，默非對語者也。然則天地雖大，富有萬物，雷動風行，渾化萬變，寂然至无，是其本矣。」

第二，就形上學的角度看，在萬物有形有名之時，「道」為長、育、亭、壽萬物之母，是萬物動作、生長、變化的形上依據。故當下萬有，皆需仰資於道，按其範型與法式運作，方能各盡所用。

❽　牟宗三〈王弼之老學〉一文，見《才性與玄理》，第一三一頁。

如《老子注》第十一章說：「木、埴、壁，所以成三者，而皆以無
為用也。言無者，有之所以為利，皆賴無以為用也。」他用「以無
為用」來說明「有之所以為利」，就是說「無」（道體）的「用」
（道用）就表現在「有」（萬物）上面。換言之，這時「道」（「無」）
與「物」（「有」）的關係，應當是「形上」與「形下」的關係，或
說「體」與「用」的關係。故有體必有用，有用必有體，「無不可
以無明，必因於有」（《周易・繫辭傳・韓康伯注》引王弼《大衍
論》），「雖貴以無為用，不能捨無以為體」（《老子注》第三十八章）。
道的全體大用，在「無」界中，是即用顯體；在「有」界中，是
即體顯用。「無」是「本」，是「體」，是「形而上的道」；「有」是
由此一形上道體所發顯的「末」、「用」。「無」與「有」二者，是
本末不離、體用如一的。《老子注》第四十章所謂：「天下之物，
皆以有為生；有之所始，以無為本；將欲全有，必反於無也。」正
含此意。

　　綜上分析，王弼之解道體，顯然是有宇宙論與形上論的雙重
意義。就宇宙論的意義來說，「無」是「有」之外、之上的獨立本
體；就形上論的意義來說，「無」是「有」背後的形上依據。看來，
在王弼繼承《老子》「有生於無」的宇宙觀時，他似乎特將實體性
意義的「無」轉用形上意義的「無」去取代。他淡化了「有生於
無」的說法，而強化了「以無為本」的理論。一方面，他一直強
調無形無名的道與有形有名的現象物之間的「形上」（體）「形下」
（用）關係；一方面，則將這個無形無名的形上道體，從現象物
中抽離出來，化為獨立的存在，將它視為絕對性和獨存性的宇宙
本體。這樣一來，不僅可以滿足於解釋「萬物從那裏來，將往那
裏去」的宇宙論問題，同時又絲毫無損於他所強力主張的「體無

用有」觀了。可見王弼在未摒除《老子》的宇宙論之餘，卻在形上學的方面，大大發展了《老子》的學說。這也就是《老子》書中不僅言「有」與「無」，又言「道生一，一生二，二生三，三生萬物」；王弼卻避談「一」、「二」、「三」的實質意義及宇宙生化歷程❾，而大談「體」與「用」、「本」與「末」的原因。

　　總之，王弼的哲學特點，尤其表現在「本無」的觀點上。為著建立這個觀點，他使用了「即用顯體」的方式——藉著道用的生成性來彰顯道體的超越性。——在他看，無形無名的道體，實是一個超然獨立、周溥偉大的宇宙本體。既先在，且遍在；既獨存於萬有之外，亦內存於萬有之中。在天地尚未出現形質與名稱以前，或萬物至終歸於無形無名以後，它就像是超然獨立的上帝一般，既是萬有的本源，也是萬有的歸宿。而在天地萬物既已出現形質與名稱的時候，它便附隨在萬有之中，並暗中操控萬有，而為萬有賴以成長、運作、變化的形上依據。簡言之，道的周流運轉，實透遍整個宇宙，永恆沒有凝滯，而天下萬有莫不本之以成始、成終。因此，《老子指略》即云：「雖古今不同，時移俗易，此不變也。所謂自古及今，其名不去者也。天不以此，則物不生；

---

❾　論到宇宙的生化過程，《老子》第四十二章有云：「道生一，一生二，二生三，三生萬物。」又云：「萬物負陰而抱陽，沖氣以為和。」河上公《注》即云：「道始所生者，一也。一生陰與陽也。陰陽生，和氣濁，三氣分為天地人也。天地人共生萬物也。」類此，蓋著力於指出「一」、「二」、「三」的實質意義及宇宙生化歷程。然而，王弼《注》則跳開氣化宇宙論的解說，乃援引《莊子‧齊物論》篇所謂「一與言為二，二與一為三」立論，而從「道」的表述法著墨，故云：「已謂之一，豈得無言乎？有言有一，非二如何？有一有二，遂生乎三。從無之有，數盡乎斯，過此以往，非道之流。」

治不以此，則功不成。故古今通，終始同；執古可以御今，證今可以知古始，此所謂常者也。」若是明白此一超越時空、永恆不變的常道，也就明白王弼所謂「欲言無邪，而萬物以之生；欲言有邪，而不見其形」的體無用有之「道」，當然也就明白王弼所標舉的「崇本息末」義中的「本」義了。

## 二、如何「崇本」

王弼既以「無」為「本」，視為天地之始、萬物之母；則此「本」之於宇宙人生，自是重要非凡。因此《老子注》中，不只好談「本」、「無」，也好談「崇本」、「體無」之道。而一論及「崇本」或「體無」，勢必涉及吾人對於「本體之無」的體悟與把握。由於王弼心目中的「本」，不是實物，不是邏輯概念，不是道德主體，也不是人格化的神；因此，欲把握此「本」，便非經由形名，或邏輯推論，亦非經由道德修證，或宗教崇拜等方式可得。

其注《老子》第十章「生而不有，為而不恃，長而不宰，是謂玄德」云：

> 不塞其原，則物自生，何功之有？不禁其性，則物自濟，何為之恃？物自長足，不吾宰成。有德無主，非玄而何？凡言玄德，皆有德而不知其主，出乎幽冥。

這是說明「道」以「沖虛妙用」的方式，為萬有之本。其生萬有，乃以「不塞其原」的方式，令物自生；其畜萬有，乃以「不禁其性」的方式，令物自濟；其成萬有，乃以「不吾宰成」的方式，

令物自然長足。故雖於物有功、有德,卻不自居為本,也不令物知其為本。可見無形無名的道體縱然貴為生物、畜物、成物的根本,卻從未以造物主的權威與意志來生化宰治世界,它乃是以「不生之生、不為之為、不主之主」的沖虛妙用形態,自然而然地成為萬有的根本。這就是道的「玄德」。因此,吾人若要把握此「本」,當然也須通過此一「沖虛妙用」的觀念才可。

牟宗三先生在《王弼之老學》一文中即說:「道是一沖虛之玄德,一虛無明通之妙用。吾人須通過沖虛妙用之觀念了解之,不可以存有形態之『實物』(entity)觀念了解之。此吾人所首先應注意之大限界。其次,若移向客觀方面而說道為萬物之宗主,萬物由之以生以成;其為宗主,其為由之以生以成之本,亦須通過沖虛之心境而觀照其為如此者。以沖虛之止起觀,『不塞其原,不禁其性』,而暢通萬物自生、自長、自相治理之源,此即其為主為本之意。」❿因為沖虛妙用的觀念,是在沖虛妙用的心境中,體悟玄德的妙用而有的。這種體悟,可以說是一種「體用並觀」、「有無雙照」的觀照工夫;也可說是一種虛靜不昧、明通玄理的超越境界。《老子》書中稱之為「觀」、為「明」、為「玄覽」;王弼則以「靜觀」、「至明」、「極覽」釋之。如:

> 萬物始於微而後成,始於無而後生。故常無欲空虛,可以觀其始物之妙。(《老子注》第一章)
> 以虛靜觀其反復。(《老子注》第十六章)
> 言至明四達,無迷無惑,能無以為事,則物化矣。(《老子注》第十章)

---

❿ 牟宗三〈王弼之老學〉一文,見《才性與玄理》,第一五四頁。

　　玄，物之極也。言能滌除邪飾，至於極覽，能不以物介其
　　明，疵之其神乎？則終與玄同也。(《老子注》第十章)

王弼認為道的運行（即道之生物、成物），是始於微、無，起於虛、
靜的；道之所以具有先在、內在、遍在、超越、自在（獨存）、常
在等性質，也是歸於無形無名的；這原是道的「沖虛妙用」的玄
德。故要把握此一「沖虛妙用」的道，自須常在「無欲空虛」、「虛
靜無為」、「無以為事」、「滌除邪飾」的心境中，才可體其無、觀
其妙。由上引諸注可知：虛靜之於觀照，無為之於至明，滌除邪
飾之於極覽玄同，不僅一一指工夫，也都一一指心境。若說體悟
與把握道體之「無」，需要經過「虛靜」、「無為」、「滌除邪飾」等
工夫的話，則這些工夫本身應該就是「靜觀」、「至明」、「極覽玄
同」的觀照心境了。可見王弼是深深反對具有形跡的人為修鍊的。
他所謂的「崇本」，往往與致虛、守靜、知常、體無、抱一、守真
等義互通。（可參第三、十、十六、二十二、二十八、三十二、四
十五、六十、七十諸章《老子注》）。所謂「崇本」的「崇」，根本
沒有出乎人為的推、尊、高、舉之意，而只有本乎自然的「不失」、
「不違」、「不離」、「不捨」之意。不失本，即是得本；不違本，
即是法本；不離本，即是守本；不捨本，即是崇本。總之，即是
主張以「不崇之崇」的方式來「崇本」。
　　「不崇之崇」的方式，是一種不拘於「名」、「言」，不泥於「執」、
「為」的方式。《老子指略》云：

　　言之者失其常，名之者離其真，為之者則敗其性，執之者
　　則失其原矣。是以聖人不以言為主，則不違其常；不以名

為常，則不離其真；不以為為事，則不敗其性；不以執為制，則不失其原矣。然則，《老子》之文，……其大歸也，論太始之原，以明自然之性；演幽冥之極，以定惑罔之迷。因而不為，損而不施；崇本以息末，守母以存子；賤夫巧術，為在未有；無責於人，必求諸己，此其大要也。

此言不違其常、不離其真、不敗其性、不失其原，皆「崇本」之義。常、真、性、原，指「本」而言；不違、不離、不敗、不失，指「不崇之崇」的樣態。則所謂「不崇之崇」，即要在遮撥一切形名造作，而「不以言為主」，「不以名為常」，「不以為為事」，「不以執為制」。這也就是「因而不為，損而不施」，「賤夫（ㄈㄨˊ）巧術，為在未有」的自然無為形式。《老子注》中，王弼發揮自然之旨者極多，也極好，如第五、十、十二、十三、二十、二十五、二十七、二十八、二十九、三十二、三十七、四十一、四十五、四十七、四十八、五十六、五十九、六十三……諸章之注，皆有極精闢的詮解。而且，往往攪以因、任、順、應、適、從、隨、法、歸、通，或不為、不倡、不違、不施、不執、不禁、不塞，或自安、自化、自生、自長、自贍、自足、自濟、自和、自治、自得、自均、自降、自歸、自全、自賓……等義以釋之。注中，王弼乃是把「道」、「本」當作一種形上意義的超然本體；把「自然」當作道的虛妙玄德，當作不為不倡的運作樣態，當作自足自全的超越境界。如：

天地任自然，無為無造，萬物自相治理。……無為於萬物，而萬物各適其所用，則莫不贍矣。（《老子注》第五章）

任自然之氣，致至柔之和，能若嬰兒之無欲乎，則物全而性得矣。……雌，應而不倡，因而不為。言天門開闔，能為雌乎，則物自賓而處自安矣。（《老子注》第十章）

萬物以自然為性，故可因而不可為也，可通而不可執也。……聖人達自然之至，暢萬物之情，故因而不為，順而不施，除其所以迷，去其所以惑，故心不亂，而物性自得之也。（《老子注》第二十九章）

人不違地，乃得全安，法地也。地不違天，乃得全載，法天也。天不違道，乃得全覆，法道也。道不違自然，乃得其性，法自然也❶。法自然者，在方而法方，在圓而法圓，於自然無所違。自然者，無稱之言，窮極之辭也。（《老子注》第二十五章）

王弼稟承《老子》，認為道的發用，呈雙迴向：若就道之於物說，道乃本乎自然之玄德，以無為無造之順任方式，令物自生自成；若就物之於道說，物亦稟乎自然之玄德，以不施不為之順任方式，各盡其用。故《老子》謂「道法自然」，王弼則就道之體性謂：「道不違自然，乃得其性」，又謂：「萬物以自然為性」；並就道之發用謂：「因任自然，不施不為，則物皆自賓、自安、自得。」由此顯見：本體、工夫、境界，原可融通一片；體無、崇本、不違自然，本皆一義相通。故崇本之道，簡言之，即在妙體虛無，因任自然，不違自然而已。而所謂因任自然、不違自然，便是「在方而法方，

❶ 此中「法自然也」四字，據陶鴻慶說校補。陶氏認為當與上文「法地也」、「法天也」、「法道也」一律，因下有複句而誤奪之。說見《讀諸子札記》所輯《讀老子札記》附〈王弼注勘誤〉一文。

在圓而法圓，於自然無所違。」──完全依乎自然之規律，即於物而無所主，以暢通萬物自生、自畜、自成之根源。

## 三、「崇本」與「息末」

如上所述，宇宙的本體是「無」，此「無」並非「空無一物」之無，而是「無不通，無不由」的「沖虛妙用」之無。故要體此「無」、崇此「本」，便需通過「沖虛妙用」的觀念，在「不違自然」的心境中，才能觀照到「無」的虛妙玄德。這乃是以「即用顯體」的方式來說明「體無」、「崇本」。可見王弼原是主張道不離物、物不離道的。換言之，即主張體不離用，用不離體；本不離末，末不離本。若說本指無形無名者，末即指有形有名者；本指無，末即指有；本指道，末即指物；本指形而上者，末即指形而下者；本指宇宙本體，末即指世界現象。本末既不相離，則方崇本之時即是息末，方息末之時即是崇本。即用可以顯體，即體當然可以顯用。王弼所以常以存末、舉末、盡末、全末等義以釋息末，進而說明崇本與息末之互依關係，意即在此。然而，王弼並非僅採體用觀念來講本末關係而已。往往他更常把本末關係比成母子關係，本指母始根源，末指支節末流，則本末之間便隱含著一般俗解的主次、先後、始末、重輕之義。這麼一來，本若指自然律則，末便意含違離自然的人為性干擾，如名教、智術、巧偽……等。於是本末關係便由互依不離的體用關係落入對立相違的關係了。這是末學不識本所衍生的情況，對此，王弼不得不申言崇本必須止末，並且反對捨本以逐末。而更進一步地，王弼卻又有意再把此一本末對立的不正常關係扭正過來，使末歸本而本攝末，以建立「統之有宗，會之有元」的一貫體系。因此他便假藉

一多、眾寡的關係，把本說成元、一、全、極，把末比為眾、多、分、繁。強調要以觀照心體悟本體，把握本體，勸人不要被外表現象的枝節末葉所惑所累，以為如此則崇本必可統末，執簡必可御繁，而宇宙人生之理乃能無所滯礙。故《老子指略》說：「《老子》之書，其幾乎可一言而蔽之。噫！崇本息末而已矣！」這崇本息末之道，實是王弼經由「體用關係」、「相對關係」、「統合關係」三種層次的論證，所建立的《老》學體系，也可說是王弼研治《老子》的最大心得與基本綱領。下文即就此三點析論其「崇本息末」之義：

## （一）以體用關係論本末

王弼因深見體用之不離，本末之不可截，故常藉著體無用有的觀點，說明「本」、「末」之間的互依關係。如《老子指略》云：

> 無形無名者，萬物之宗也。……故能為品物之宗主，苞通天地，靡使不經也。……然則四象不形，則大象無以暢；五音不聲，則大音無以至。四象形而物無所主，則大象暢矣；五音聲而心無所適焉，則大音至矣。故執大象則天下往，用大音則風俗移也。

這裏，「無形無名者，萬物之宗也」，意指道體是「無」；「苞通天地，靡使不經也」，意含道用是「有」。透過此一「體無用有」的觀點，王弼接著便舉「大象大音」之與「四象五音」為例，表明了本與末之間的互依互存關係。案：四象及五音，乃指金木水火及宮商角徵羽，代表現象界的有形有聲之物，亦即是「末」 ❷；

大象大音，乃指無形無聲的至極之大道，亦即是「本」。王弼認為本末之間原呈雙迴向作用——由末可以證知本，由本可以暢通末——據此以觀「大象大音」之與「四象五音」的關係，他便認為：若無具體的五音四象，則大音大象的作用便無從顯現。反之，若能體悟五音四象的形上本體，掌握住沖虛玄妙的大象大音，則一切外表現象如天下往、風俗移者，便也都能掌握。因此，在《老子指略》中，他便進一步表明：

> 舉終以證始，本始以盡終。閑而弗達，導而弗牽，尋而後既其義，推而後盡其理。

「始終」即「本末」之代稱。故「舉終以證始，本始以盡終」，即「舉末以證本，守本以盡末」之意。而要能如此，必須具備「有德無主」式的沖虛心靈不可——完全順乎自然地隨物開導，而不刻意有為地勉強牽引。

由上可見王弼之視本末關係，在觀照的心靈中，一如體用關係，故「崇本息末」即等同「守無存有」、「體無用有」之意。若「崇本」義為不失本、不違本、不離本、不捨本，則「息末」義即不攻末、不逐末、不尚末、不執末。若「崇本」義為證本、守本、得本、舉本，則「息末」義即知末、存末、全末、盡末。如此，則「息」字顯然不作休、止、廢解；而作生、存、全解。故能崇本，也就能息末。《老子注》第三十八章即謂：

---

❷ 孔穎達《周易・繫辭上傳疏》：「四象者：金、木、水、火。」見《十三經注疏》本，第一五七頁。五音，一般皆指宮、商、角、徵、羽五聲。

> 何以得德？由乎道也。何以盡德？以無為用。以無為用，
> 則莫不載也。故物，無焉，則無物不理。……用夫無名，
> 故名以篤焉；用夫無形，故形以成焉。守母以存其子，崇
> 本以舉其末，則形名俱有而邪不生，大美配天而華不作，
> 故母不可遠，本不可失。

此中所謂「由乎道」、「以無為用」、「用夫無名，用夫無形」，蓋指「不遠母」、「不失本」而言，亦即「守母」、「崇本」之意。所謂「得德，盡德」、「莫不載，莫不經」、「名以篤，形以成」，蓋指「形名俱有」、「大美配天」而言，亦即「存子」、「舉末」之意。王弼所以將道與德、無與有、無形無名與有形有名之間的關係，講成本末不離、母子互存的關係，足見他是抱著「即用顯體，即體顯用」的觀點，認為崇本可以息末——掌握了本體，也就是掌握了現象。所以才說：「守母以存其子，崇本以舉其末」。

## （二）以相對關係論本末

這「守母以存子，崇本以舉末」的見解，可以說是王弼對於《老子》所謂「有之以為利，無之以為用」的新詮解。在其詮解中，固然未脫《老子》「有無並觀」的看法；但他既以「本」「末」、「母」「子」代稱「無」與「有」，有時就不免離開了觀照心所觀照到的絕對境界，而站在一般俗世的相對世界中說話。於是他所謂的「本末」或「母子」，便隱含著主次、先後、始末、重輕等意義。這麼一來，本若指母始根源，末便指支節流變；本若指自然，末便指人為。則「崇本」義乃近似於貴本、尚本；「息末」義乃近似於賤末、止末矣！如此，自然會有偏重本、母一邊立論的傾向。

譬如他注《老子》第五十二章的「既得其母，以知其子；既知其子，復守其母」，即云：

> 母，本也。子，末也。得本以知末，不捨本以逐末。

依《老子》原意，「得母以知子」及「知子復守母」所以兩相並提，乃在表明母子之間的雙迴向關係。而王弼作注，顯然偏向「得母以知子」一邊，且把母子關係說成本末關係，故在「得本以知末」句下，又再安上一句「不捨本以逐末」。可見當他以本末、母子喻指體用、有無時，的確是對「本」、「母」一邊用力過猛了一點。故其強調「本」、「母」之幽遠，與「崇本」、「守母」之重要者，可謂比比皆是。至於「末」、「子」的價值，則需視有否掌握「本」、「母」來決定。如《老子指略》云：

> 凡物之所以存，乃反其形；功之所以克，乃反其名。夫存者不以存為存，以其不忘亡也；安者不以安為安，以其不忘危也。故保其存者亡，不忘亡者存。安其位者危，不忘危者安。善力舉秋毫，善聽聞雷霆，此道之與形反也。……夫欲言物之本者，則雖近而必自遠以證其始。夫欲明物之所由者，則雖顯而必自幽以敘其本。故取天地之外，以明形骸之內，明侯王孤寡之義，而從道一以宣其始。

又如《老子注》第三十九章云：

> 清不能清，盈不能盈，皆有其母，以存其形。故清不足貴，

盈不足多，貴在其母，而母無貴形。貴乃以賤為本，高乃
以下為基，故致數輿（譽），乃無輿也。玉石瑑瑑珞珞，體
盡於形，故不欲也。

王弼認為事物皆有它的形上本體（本）方面，也有它的形下現象
（末）方面。二者不可混同，所謂「道與形反也」。由於形上本體
方面超越而内在，幽遠而難識，所以人們常被五光十色的表面現
象所迷惑，誤以為守住外表的形名，就是守住了真象。其實不然，
因為越偏執形而下的現象，則在現實活動中，物交物而彼此牽引，
勢必越遠離形而上的本體真義。因此要認識事物的真象，便要避
免從形下現象的枝節末葉著手，而要從超乎現象之上的本體著眼。
所謂「自遠以證其始」、「自幽以敘其本」、「從道一以宣其始」、「清
不足貴，盈不足多，貴在其母」等，皆是此意。

　　本著這種「得本以知末，不捨本以逐末」的眼光，王弼又進
一步點出「捨本以逐末」的流弊。首先他說：

捨其母而用其子，棄其本而適其末，名則有所分，形則有
所止，雖極其大，必有不周；雖盛其美，必有憂患。（《老
子注》第三十八章）

因為本在無形無名，母在無為無執，若棄本捨母，而適其子末，
以致落入有為有名的拘限中，則縱算建立大功，也必定不夠周濟
普遍；縱算獲得美名，也必定隱含巧偽憂患。（可再參《老子注》
第三十八章）照王弼看，最顯著的不周與憂患，至少有三：一是
逐末自必失本。二是不僅失本，尚且失末。三是導致亂偽叢生。

如《老子注》第三十九章說：「物皆各得此一以成。既成，而舍以居成。居成，則失其母。」所謂「舍一居成」，就是「捨本執末」之意，結果必致喪失本母。又如《周易‧復卦‧彖傳注》說：「若其以有為心，則異類未獲具存矣。」所謂「以有為心」，即是不知把握無形無名之本，而拘執於有為有名之末，以致「異類」（末）亦難以獲存。可見捨本逐末，不僅失本，甚且還要失末，終究疾病、疵釁、姦偽、昏亂、爭亂……等也將跟著發生：①就養生來說，「御體失性，則疾病生。」（《老子注》第十七章）②就處事來說，「輔物失真，則疵釁作。」（《老子注》第十七章）③就待人來說，「行術用明，以察姦偽，趣覩形見，物知避之。故智慧出，則大偽生也。」（《老子注》第十八章）④就治國來說，「立正欲以息邪，而奇兵用；多忌諱以恥貧（案：恥疑止之誤），而民彌貧；利器欲以強國者也，而國愈昏弱；皆舍本以治末，故以致此也。」（《老子注》第五十七章）所以，在《老子指略》中，王弼不禁發出這樣的警戒：「夫素樸之道不著，而好欲之美不隱，雖極聖明以察之，竭智慮以攻之，巧愈思精，偽愈多變，攻之彌甚，避之彌勤。則乃智愚相欺，六親相疑，樸散真離，事有其奸。蓋舍本而攻末，雖極聖智，愈致斯災，況術之下者乎！」

本著上述這種眼光來看諸子之學，王弼認為：除了道家以外，法、名、儒、墨、雜各家都可說是「末學」。因為他們不像《老子》那樣懂得「溯本求源」以圖掌握本體真象，卻一味地「以末治末」。《老子指略》評述道：

> 而清者尚乎齊同，而刑以檢之。名者尚乎定真，而言以正之。儒者尚乎全愛，而譽以進之。墨者尚乎儉嗇，而矯以

> 立之。雜者尚乎眾美，而總以行之。夫刑以檢物，巧偽必
> 生；名以定物，理恕必失；譽以進物，爭尚必起；矯以立
> 物，乖違必作；雜以行物，穢亂必興。斯皆用其子而棄其
> 母。物失所載，未足守也。

法家重刑法，名家尚名實，儒家崇譽進，墨家行儉嗇，雜家總眾
行。雖然各家有各家的學行與主張，但都不免偏就表面現象去用
心，結果似乎都走向一條無法根本解決問題的死胡同——尤其當
他們愈發使出其德、術、智、巧時，問題竟反而變得愈發煩瑣穢
雜，乃至不可收拾。究其癥結所在，便在捨本逐末。因此王弼不
得不放聲闢斥說：「斯皆用其子而棄其母。物失所載，未足守也。」
　　既然末學無法憑其利巧、智術、德行……諸種本領，挽回真
象流失的危機；可見要挽回真象，便不可依靠人為的工夫，而須
溯本求源，妙體虛無，不施不為，因任自然。其注《老子》第五
十七章「我無為而民自化，我好靜而民自正，我無事而民自富，
我無欲而民自樸」云：

> 我之所欲，唯無欲而民亦無欲自樸也。此四者（案：指無
> 為、好靜、無事、無欲），崇本以息末也。

《老子指略》亦云：

> 閑邪在乎存誠，不在善察；息淫在乎去華，不在滋章；絕
> 盜在乎去欲，不在嚴刑；止訟在乎不尚，不在善聽。故不
> 攻其為也，使其無心於為也；不害其欲也，使其無心於欲

也。謀之於未兆，為之於未始，如斯而已矣。故竭聖智以
治巧偽，未若見質素以靜民欲；興仁義以敦薄俗，未若抱
樸以全篤實；多巧利以興事用，未若寡私欲以息華競。故
絕司察、潛聰明、去勸進、翦華譽、棄巧用、賤寶貨。唯
在使民愛欲不生，不在攻其為邪也。故見素樸以絕聖智、
寡私欲以棄巧利，皆崇本以息末之謂也。

所謂「絕司察」、「潛聰明」、「去勸進」、「翦華譽」、「棄巧用」、「賤
寶貨」等，按字義看，似乎是指刻苦窒慾的「息末」（止末、賤末）
工夫。其實這些工夫，並不是刻苦去「止」、「賤」來的。照王弼
的意思，只要「無心於為、無心於欲」，能夠「謀之於未兆，為之
於未始」（崇本），也就可以了。可見「息末」的工夫，原是建立
在「崇本」的心境上。息末之於崇本，可以說是二而一，一而二
的。若說崇本之道，在妙體虛無、無心作為、因任自然；則息末
之道，亦復在此。因為不失本就是不逐末，不用末就是不捨本。
人們只要覺悟到「本」與「末」的原有地位與關係，使本居本、
末居末，不讓「末」對「本」產生干擾與蒙蔽，這也就是「崇本
息末」的工夫與境界了。當能達到這一層境界時，則「本」、「末」
之間也就不再對立了。《老子注》的第五十四、五十九章同時都說：

固其根而後營其末，乃得其終也。

把握了根本，再來處理末葉，自然本末有序，無恙無礙，得其所
終。王弼這話，似乎就是他主張「聖人體無而有情」的理論根據。

## （三）以統合關係論本末

　　王弼之注《老子》，對本末關係一再地反覆論證——或由體用不離的關係，申明崇本可以舉末，守母可以存子；或由本末對立的關係，強調崇本以息（止）末，反對捨母以用子。——其終極目的，無非是要挽回逐末忘本者的心，啟悟他們去觀照本體的真象，恢復「以本統末，以末歸本」的自然律則，建立「統之有宗，會之有元」的一貫哲學。在他看來，《老子》五千言即具有此一體系，故云：

> 又其為文也，……善發事始以首其論，明夫會歸以終其文，故使同趣而感發者，莫不美其興言之始，因而演焉；異旨而獨構者，莫不說其會歸之微，以為證焉。夫途雖殊，必同其歸；慮雖百，必均其致。而舉夫歸致以明至理，故使觸類而思者，莫不欣其思之所應，以為得其義焉。（《老子指略》）

　　他對《老子》抱著這種看法，顯然表示他本人也有建立理統的意願。據錢穆先生的研究，王弼實是中國思想史上最早重視「理」字的人。在《周易注》、《老子注》，甚至《論語釋疑》中，他往往平添「理」字以為說。其所言理，有所以然之理，有本然之理，有必然之理，有是非之理；而就其統宗會元者言，則謂「至理」❸。足見王弼對於理統問題的注重。如《周易略例·明象篇》即強調

---

❸　參閱錢穆〈王弼郭象注《易》《老》《莊》用「理」字條錄〉一文，見《莊老通辨》，三四一～三五三頁。

「理一以治眾」的道理說:「夫眾不能治眾,治眾者至寡者也;夫動不能制動,制天下之動者,貞夫一者也。故眾之所以得咸存者,主必致一也;動之所以得咸運者,原必无二也。物无妄然,必由其理,統之有宗,會之有元,故繁而不亂,眾而不惑。」照他的看法,在宇宙萬象繁複流變的背後,必定有一個根本的原理存在。這個根本的原理,就是至簡不二的法門,也就是制動御繁的宗主──眾物因之而存,百動亦以之而運。有了這個至簡不二、制動御繁的本理作中心,宇宙萬象才會顯出繁而不亂、眾而不惑的秩序。所以說:

> 事有宗而物有主,途雖殊而同歸也,慮雖百而致一也。道有大常,理有大致。執古之道,可以御今,雖處於今,可以知古始,故不出戶牖而可知也。(《老子注》第四十七章)而用夫自然,舉其至理,順之必吉,違之必凶。(《老子注》第四十二章)

就整個宇宙萬象來說,處於「宗主」與「會要」地位的,是自然之常道、本無之至理。守住常道,則天下可知;守住至理,則無往不順;這都是說明舉本可以統末、守母可以存子、體無可以用有的意思。

蓋就個別的事物說,舉本統末,意指把握住本體,也就可以把握住現象。但就殊多事物彼此間的關係說,舉本統末,則指把握住至極之本理,即把握住殊異之事理;進則經由殊異事理之把握,即把握住各別之現象;而各別現象彼此之間又由於皆自同一事理所生,故雖現差別,亦是彼此融攝;如此則天下萬象便可觀

照而會通起來。——這種觀點，可以說是日後華嚴宗講「一多相攝」、宋儒講「理一分殊」的先導。雖然王弼未盡明言究底，但在他的論著中提出此一「本末統屬」觀念者則甚常見，如《老子注》文，即每有「以寡統眾」、「以母統子」諸語：

> 載之以道，統之以母，故顯之而無所尙，彰之而無所競。（《老子注》第三十八章）
> 轂之所以能統三十輻者，無也。以其無能受物之故，故能以寡統眾也。（《老子注》第十一章）

這裏，王弼把《老子》的「三十輻共一轂」的「共」字，解為「統」字，透過「以少治多」、「以簡御繁」的觀點，強調了本對末的統攝，以及末對本的會歸。因為他一直認為：「轉多轉遠其根，轉少轉得其本。多則遠其真，故曰惑也；少則得其本，故曰得也。」（《老子注》第二十二章）故要妙體虛無，必須徹底知道：「愈多愈遠，損則近之。損之至盡，乃得其極。」（《老子注》第四十二章）經由「損」的工夫，才可以觀照到道的大本，把握到道的大用，達到「本統末」、「末歸本」的體用合一之境。此境正是《老子注》第三十八章所說的：「以無為用，（則）德其母，故能己不勞焉而物無不理」的極致了。

綜上所述，王弼實在是大膽地廢棄了漢儒所架構的元氣、陰陽、五行、數術的氣化宇宙論，而代之以《老子》式的玄理化的形上學，以及抽象化的論證方式。這對漢魏之際的思想轉變來說，的確是一門新興的玄學。《世說新語·文學篇》曾載述：

何平叔（晏）注《老子》始成，詣王輔嗣（弼），見王《注》精奇，迺神伏曰：「若斯人，可與論天人之際矣！」

在何晏的眼中，《老子注》中所建立的「新」學，甚至可以當作「新」的天人之學。雖然王弼從來不講天人交感，但他藉著「本」、「末」關係的討論，一再申述本體與現象之間的整體關聯性，顯然未將本體之道孤懸於人事界之外，便可證明他是有意經由闡揚《老》學，進一步完成一套「上通天理，下應人事」的一貫之學的。這一貫之學，在「崇本息末」的理論過程中，乃包含三種層次的論證：第一層次的本末不離，好似看山是山；第二層次的本末相離，則已是看山不是山矣；然至第三層次的本末統合，則又再次看山是山。足見「崇本息末」之道，乃是王弼由道體說到道用，由本始說到流變，再由道用之流變返歸道體之本始的理論架構；也是他會通天人，甚或會通自然與名教所建立的玄學體系。這比《老子》原意看來，可說是更富有形上學的系統，以及更精緻的論證內涵的。無怪何劭為他作傳時說：「弼注《老子》，為之《指略》，致有理統。」

# 第三節　「崇本息末」義所涵的重要觀念

## 一、貴無而不賤有

「有」、「無」的問題，是魏晉玄學的中心問題之一。當王弼初起，裴徽一見，即問他說：「夫無者，誠萬物之所資，聖人莫肯致言，而老子申之無已，何邪？」言下，裴徽已經肯定「無」才是

萬有的根本。可見「有」、「無」關係的討論，實是當時熱門談議的主題。王弼作《易》、《老》之注（尤其是《老子注》），只不過是在這個大家所公認的前提上，作更深入的思考，提出「崇本息末」的理論，把「以無為本」的觀念徹底地展現出來，以致成為當時「崇本」、「貴無」思想的先期代表。

照前文的研究，王弼的「崇本息末」說，雖曾提出不可棄無以用有、捨本以逐末的見解；但他所謂的不可用有、不可逐末，並不是真正地否定一切有或末，而是強調無居「本」、有居「末」的地位。換句話說，用有與存末，須以崇本體無為先要原則；若是「有」（末）取代了「無」（本）的地位，以致反末為本地遮掩了「無」（本）的宗主性，這便是他所極力反對的。因為反末為本──一味地用有而不知體無──勢必偏行己意，為物所遷，日趨末流，永遠無法達到「體無用有」（崇本以舉末，守母以存子）的無限妙效與無限境界。反之，若能把握本體「沖虛妙用」的玄德，必能以「不執著」、「不滯累」的心來照應萬象，不僅入乎其內，更能出乎其外，而遨遊於無限妙有的真際。因此，王弼一直把「無」看成是生物、成物的根本，是超越時空、永遠不變的常道，是無以名之、無以言之的玄德。他的學說雖然重視「無」甚於「有」，而有「貴無」論的傾向，卻從未有「賤有」的主張。易言之，他雖然不從客觀物質存在（現象界）的角度去思量問題，卻也未嘗抹煞現象界的實在性。在他的基本觀念中，只是希望啟悟末學脫離對於表面現象（末）的拘泥，返本歸源，達到「體用一如」、「有無並觀」、「本末不離」的境地；然後再落實下來，本此心境以應世事。這樣便能承受天地萬象的運動變化，而在心靈深處不受絲毫的纏累或干擾。故當裴徽考問他對「有」、「無」問題的看法時，

他便表明聖人「體無」而「言有」；當何晏、鍾會與他共論聖人有情與否時，他便主張聖人「有情」而「無累」。（參見本書第二章第二節之二）。這都充分顯示他是主張「貴無而不賤有」的。

這「貴無而不賤有」的主張，就理論結構看，是透過「崇本舉末」、「不捨本逐末」以及「以本統末」的辯證，而建立在「體無用有」的基本觀點上的。大體說來，並不違離《老子》的玄旨，且對「有無」問題作了相當深入的探討。但當王弼進一步擴充此說，作為調會儒道思想的依據時，遂將孔子指為「體無而言有」及「有情而無累」的聖人，想運用以解決孔老地位的問題；如此便大大誤解了孔子，也混淆了儒道兩派思想體系的界限。不但妄將「體仁行仁的儒聖」改裝成「道家化的孔子」，而且也失落了崇本息末說原有的真諦。雖然口頭上認為老不及孔，實際上，這個孔子根本不是真正的孔子，而是充滿老子血液的孔子。如果王弼當時不要如此刻意牽合儒道，能把「本從道德主體出發」的聖人，與「本從無累心境出發」的聖人劃分開來，不要張冠李戴，則其理論體系尚稱無甚罅隙可擊。可惜為時風所蔽，王弼似乎急於解決當時的儒道異同之爭，故未真正思及孔老精神生命之大異處，便仗著巧辯之才遂將兩家思想混合起來。但他那裏曉得：他將老子提高到孔子並肩的地位以後，《老》《莊》的玄理便堂而皇之地戴上孔子的面具出來煽惑大眾。王弼既然博得談座上的勝利，認定有情而無累的，才是聖人；名士們為著效法聖人，甚至縱情逍遙，以虛無無為互相標舉，於是整個社會風尚也就漸趨於曠達一途了。

相沿至晉，風教陵遲，有識之士為要追究罪魁禍首，便有指控「貴無說」之不當者。如裴頠（267～300）《崇有論》即謂：

> 日以廣衍，眾家扇起，各列其說，上及造化，下被萬事，
> 莫不貴無。所存僉同，情以眾固，乃號凡有之理，皆義之
> 卑者，薄而鄙焉。辯論人倫及經明之業，遂易門肆。
> 遂闡貴無之義，而建賤有之論。賤有必外形，外形則必遺
> 制，遺制則必忽防，忽防則必忘禮。禮制弗存，則無以為
> 政矣❹！

這種批評的確指出玄學末流崇尚虛無的流弊；唯若逕以王弼貴無
學說亦涵具此一「虛無」、「賤有」的缺點，則未為切中，且多誤
解。因為王弼所倡的「無」，是「無不通、無不由」的「大有」（即
無限的妙有）；然在裴頠的觀念中，乃以「物類之存在」為有，以
「空無所有」為無。故說：「夫至無者，無以能生。故始生者，自
生也。」「生而可尋，所謂理也；理之所體，所謂有也。」（《崇有論》）
可見《崇有論》純是站在客觀現象論的立場說話，與王弼形而上
的《老》學見地實在毫不相干，等於各說各話。因此裴頠一直搞
不懂「無」何以能生「有」？而且認為「貴無」勢必會「賤有」；
「賤有」勢必會蔑棄形器、制度、禮法、人倫等，以致走向虛無
主義。這種推論，若就流弊而發則可；若就王弼之原始理論而言，
顯然，未能瞭解「崇本息末」說中所隱涵的「貴無而不賤有」的
真諦。

## 二、名教出於自然

　　魏晉時代一連串的儒道異同之辨，除本體論上的「有」、「無」
之爭、人生論上的聖人「有情」、「無情」之爭外，與政教思想較

❹　見《晉書・裴頠傳》第三五卷，一五～一七頁。

相關者，則為「自然」與「名教」之爭。尤其是自然與名教之爭，可以說是爭論時間最久，參與人數最多，爭辯實況最激烈，而影響於社會政教風氣也最大的一個重要主題。雖然王弼未曾正式用過「名教」一詞，但把「自然」與「形名、政教」當作一對哲學範疇提出來思辨，並作充分論述的，王弼則是開先例者。

在王弼的觀念中，凡「形器」、「制度」、「禮法」、「人倫」等（即後之所謂「名教」），都被視為有形有名的表面現象；「自然」，則是此一表面現象的形上本體、形上律則，蓋指「沖虛妙用」（不施不為、無執無累）的玄德。故自然與名教的關係，簡單地說，就是「形上之道」與「形下之器」的關係，也相當於「無」與「有」、「體」與「用」，或「本」與「末」的關係。前文詮釋崇本息末義時，曾提出王弼論證本末關係的三種層次：一是本末不離，二是本末相對，三是本末統合。據此以觀自然與名教的關係，也同樣涵具著這三種層次的論證：

第一，名教源於自然，非自為本，乃以道為本。如《老子注》第三十八章云：

> 仁義，母之所生，非可以為母。形器，匠之所成，非可以為匠。

因為萬物皆由道而生；當然仁義人倫、名物制度等也不例外，故說：

> 樸，真也。真散，則百行出、殊類生，若器也。聖人因其分散，故為之立官長。（《老子注》第二十八章）

> 始制，謂樸散始為官長之時也。始制官長，不可不立名分
> 以定尊卑，故始制有名也。(《老子注》第三十二章)

王弼認為政治教化，是從形而上的道派生出來的。好像樸散則為
器，宇宙的真樸（道）一旦散分開來，也就有了百行、殊類的種
種表象世界；為了疏理這些散分的表象世界，最早的聖人不得不
有「制官長」、「立名分以定尊卑」的措施。這種順勢而生的「形
名政教」，可說是「自然」的體現，與「自然」原不相悖。縱然是
任賢使能、或興師用兵等人事行政及軍法策略，有時也都是不得
已的，也都是不違於自然的。故說：

> 聖人因其分散，為之立官長。以善為師，不善為資。移風
> 易俗，復使歸於一也。(《老子注》第二十八章)
> 唯能是任，尚之曷為？唯用是施，貴之何為？(《老子注》
> 第三章)
> 「善用師者，趣以濟難而已矣。不以兵力取強於天下。」
> 「吾不以師道為尚，不得已而用。」「言用兵雖趣功（果）
> 濟難，然時故不得已。」(《老子注》第三十章)

只要出自於不得已，全無私心作祟與人為干擾，則所謂「以善為
師，不善為資」，也不過是「以善齊不善，使不善人為善人所取」
而已❺。此與「唯能適任」、「唯用是施」一樣，根本沒有刻意「標

---

❺　參《老子》第二十七章王弼《注》云：「舉善以齊不善，故謂之師矣。」
　　又云：「資，取也。善人以善齊不善，（不）以善棄不善也，故不善
　　人，善人之所取也。」

榜善」或「棄絕不善」的用意。同理，用兵以濟難也是一樣，只要不違自然，不窮兵黷武，又有何不妥！所謂「不尚賢」、「不好兵」，並不等於「不任賢」、「不用兵」；因此，若能排除「尚」、「好」的矜持態度，而以「不尚」、「不好」的無為之心來任賢用兵，王弼是絕不反對的。他曾引《周易・繫辭傳》的「天地設位，聖人成能，人謀鬼謀，百姓與能」一語表明此意道：

> 夫「天地設位，聖人成能，人謀鬼謀，百姓與能」者，能者與之，資者取之，能大則大，資貴則貴。物有其宗，事有其主。如此，則可冕旒充目而不懼於欺，黈纊塞耳而無戚於慢。又何為勞一身之聰明，以察百姓之情哉！（《老子注》第四十九章）

這是說，理想的君主也須以一定的名教制度來任用人事，總達眾材而不徒勞己身，才能輕而易舉地達成無為而無不為的大事功。

第二，王弼雖不反對名教，但他堅決主張：名教的運作，須以自然為原則。所謂「物有其宗，事有其主」，即是此意。要是名教違離了自然，儘往偏端發展，便是捨本逐末，棄母用子。所以說：

> 始制官長，不可不立名分以定尊卑，故始制有名也。過此以往，將爭錐刀之末。故曰名亦既有，夫亦將知止也。遂任名以號物，則失治之母也。（《老子注》第三十一章）

治之母（本），在自然。以無為用，則得其母；過此以往，則失治

之母；一旦失落了治之母，不能以自然無為的心來承應世事，則形名、制度、教化（末）再多，不僅無益，且將流於錐刀之爭。譬如有人標榜仁義，如果不能本從「崇本體無」的觀照心出發，相對地他必批駁不仁不義，以忿枉祐直為其人生準則。然而內在的準則難尋，外在的準則易定，無形中便會以具體的禮敬形式來代替；於是講究禮敬、游飾修文，不僅據以要求自己，也進而要求別人；特別是在自己已經盡力而為的時候，要是得不到別人相應的往來，很可能就會氣勢洶洶地勉強人服從，甚或刀兵武器也不惜派上用場呢！這豈不正是《老子》第三十八章所說的「上仁為之而無以為，上義為之而有以為，上禮為之而莫之應，則攘臂而扔之。」在第十七、十八、十九、二十、三十八、四十九、五十七、五十八、六十五諸章《老子注》中每申此意，尤其第三十八章注與第五十七章注所述最詳：

> 下德求而得之，為而成之，則立善以治物，故德名有焉。求而得之，必有失焉；為而成之，必有敗焉。善名生，則有不善應焉。……凡不能無為而為之者，皆下德也，仁義禮節是也。……以無為用，則得其母，故能己不勞焉而物無不理。下此以往，則失用之母。不能無為，而貴博施；不能博施，而貴正直；不能正直，而貴飾敬。所謂失德而後仁，失仁而後義，失義而後禮也。夫禮也，所始首於忠信不篤，通簡不陽，責備於表，機微爭制。夫仁義發於內，為之猶偽，況務外飾而可久乎！故夫禮者，忠信之薄而亂之首也！（《老子注》第三十八章）
> 夫以道治國，崇本以息末；以正治國，立辟（案：辟指刑

法）以攻末。本不立而末淺，民無所及，故必至於以奇用
兵也。（《老子注》第五十七章）

這些話好像是在批駁仁義、禮教、刑法的價值；其實，王弼所關
心的，並不是「名教的存廢」問題，而是人心「如何運用名教」
的問題。名教出自自然，其不可廢，是天經地義的；只是運用名
教的人往往是那些「下德」之人，以「有所為而為」的心（即違
離了自然的法則），去表揚仁義、誇大禮節、任用刑法，以至捨本
逐末地儘往偏鋒發展，引導出種種虛矯、爭競、敗亡的機兆。所
以，《老子指略》的尾段，王弼語重心長地說：

　　夫聖智，才之傑也；仁義，行之大者也；巧利，用之善也。
　　本苟不存，而興此三美，害猶如之，況術之有利，斯以忽
　　素樸乎！故古人有嘆曰：甚矣，何物之難悟也！既知不聖
　　為不聖，未知聖之不聖也；既知不仁為不仁，未知仁之為
　　不仁也。故絕聖而後聖功全，棄仁而後仁德厚。夫惡強非
　　欲不強也，為強則失強也；絕仁非欲不仁也，為仁則偽成
　　也。有其治而乃亂，保其安而乃危。後其身而身先，身先
　　非先身之所能也；外其身而身存，身存非存身之所為也。
　　功不可取，美不可用，故必取其為功之母而已矣。篇云：
　　「既知其子」，而必「復守其母」，尋斯理也，何往而不暢
　　哉！

對《老子》第十九章所說的「絕聖棄智，民利百倍；絕仁棄義，
民復孝慈；絕巧棄利，盜賊無有」一語，王弼作了以上的詮釋。

他不直接反對「聖智」、「仁義」、「巧利」，反倒以為這些都是人間「才」、「行」、「用」之美善者，故說「絕仁，非欲不仁也」。於是乃在「聖智」、「仁義」、「利巧」之上，揭櫫出「本」、「母」的問題，強調「必取其為功之母」的重要。認為一切表象世界中的名教價值，完全看人有否「存本」、「守母」來決定。

第三，王弼所注重的既然是那些推行名教的人，其心有否「取其為功之母」，亦即有否「取合於自然」；當然，他就不太重視政教制度的客觀價值，也不太去追究儒家的「仁義之心」是否真能與道家的「自然之心」牽合得上。於是，便武斷地認為：

> 故苟得其為功之母，則萬物作焉而不辭也，萬事存焉而不勞也。用不以形，御不以名，故仁義可顯，禮敬可彰也。夫載之以大道，鎮之以無名，則物無所尚，志無所營。各任其貞事，用其誠，則仁德厚焉，行義正焉，禮敬清焉。棄其所載，舍其所生，用其成形，役其聰明，仁則誠焉，義其競焉，禮其爭焉。故仁德之厚，非用仁之所能也；行義之正，非用義之所成也；禮敬之清，非用禮之所濟也。載之以道，統之以母，故顯之而無所尚，彰之而無所競。用夫無名，故名以篤焉；用夫無形，故形以成焉。守母以存其子，崇本以舉其末，則形名俱有而邪不生，大美配天而華不作。(《老子指略》)

他以為有了自然無為的心，就可以自由地運作名教，這只能說是他的政教理想。難怪當他注《易》之時，一方面固然以〈十翼〉的儒理解經，另一方面也盡量牽合《老》旨，想把名教與自然兼

容並蓄，融合為一。晁說之在《郵疇記》中也說：「王弼《老子道德經》二卷，……其言仁義與禮，不能自用，必待道以用之。」⓰其實，他所採的觀念，就在以「自然」為體為本，以「名教」為用為末；然後依據「體無用有」、「崇本舉末」的原則，便足以把自然與名教的關係說得好像本末有序，好像體用一致了。故《老子注》第二十二章說：

> 道以無形無名成濟萬物，故從事於道者，以無為為君，不言為教，綿綿若存，而物得其真。

「以無為為君，不言為教」，意即「自然是政教的根本」。把握住根本，就能把握住現象；行事符合於自然者（從事於道者），就能使萬物亦各得其自然（物得其真）。這樣，便能輕鬆省易地達到《老子》第五十七章所謂的「我無為而民自化，我好靜而民自正，我無事而民自富，我無欲而民自樸」的理想政治境界了。

經過王弼如此詳悉地論證「名教」與「自然」的關係以後，這個哲學命題很快便為士人所注意。起初，採取王弼之見解者即已不少。例如《晉書》第四十九卷載述阮瞻（281左右～310）與王戎（234～305）的對話，王戎問說：「聖人貴名教，老莊明自然，其旨同異？」阮瞻即曰：「將無同。」這「將無同」三字，語甚含糊，猶今人言「應無不同」或「差不多相同」，但在曖昧中似取王弼的體用觀點，蓋以自然為名教之體，以名教為自然之用。又如裴希聲所作〈嵇紹碑文〉云：「愛敬出於自然，而忠孝之道畢矣！」⓱

---

⓰ 晁氏語見藝文印書館影印《古逸叢書》本之王弼《老子注》篇前所引。

這種名教出於自然的看法，也與王弼一致。可見時風所尚，王弼
的觀點的確具有相當的煽惑性。影響所及，社會上便慢慢出現一
批狂放之徒，他們除了接受《老子》的本體思想外，也希望把《老》、
《莊》的自然精神表現到生活上來，於是「名教」成了「自然」
的包袱，必須極力去除，便揚言要棄名教以任自然。衍至七賢八
達之流，無論當官在野，無不肆情酒色，蔑視禮義，不負責任，
乃如裴頠在《崇有論》中所痛斥者：

> 遂薄綜世之務，賤功烈之用，高浮游之業，卑經實之賢。
> 人情所殉，篤夫名利。於是文者衍其辭，訥者讚其旨。染
> 其眾也。是以立言藉其虛無，謂之玄妙；處官不親所司，
> 謂之雅遠；奉身散其廉操，謂之曠達。故砥礪之風，彌以
> 陵遲。放者因斯，或悖吉凶之禮，而忽容止之表，瀆棄長
> 幼之序，混漫貴賤之極級。其甚者至於裸裎，言笑忘宜，
> 以不惜為弘。士行又虧矣！

這種放縱浪漫、不務世事的頹靡之風，恐怕不是王弼倡言「名教
出於自然」時所始料可及的吧！

## 三、忘言忘象以得意

　　如本章第二節所述，王弼心目中的宇宙本體，乃是一個無形
無名的道體；它的深、大、微、遠，實不易以人間的言語文字去
表達。凡以「道」、「玄」、「極」、「一」、「真」、「樸」等來描繪或
指稱此一道體，都不過是「勉強名之」而已。故欲崇此「本」、體

---

**⓱**　裴希聲〈嵇紹碑文〉，見《藝文類聚》第四八卷所引。

此「無」,在認知的方法上,便須了解「言」、「象」皆不足以盡「意」;
則得意之道 (即「崇本」、「體無」之道),便不能停留於言象所喻
指的部分 (形而下的「末」、「用」),而須越過言象,以忘言忘象
的無滯累之心,去意會、去觀照,並去掌握那言外之意、象外之
真 (形而上的「本」、「體」)。因此,方法論上的「言象意」之辨,
實與本體論上的「本末有無」之辨息息相關。王弼「忘言忘象以
得意」的主張,其實正是「崇本息末」義中所涵攝的一個有關認
識論的重要觀點。

《周易・繫辭上傳》曾說:「子曰:書不盡言,言不盡意。」
接著又說:「聖人立象以盡意,設卦以盡情偽,繫辭焉以盡其言。」
依上文看,似主「言不盡意」;依下文看,則主「言象以盡意」。
為著會通此一上下見解的歧異,王弼特別援用了《莊子・外物篇》
的筌蹄之喻,發表他的新見:

> 夫象者,出意者也;言者,明象者也。盡意莫若象,盡象
> 莫若言。言生於象,故可尋言以觀象;象生於意,故可尋
> 象以觀意。意以象盡,象以言著。故言者所以明象,得象
> 而忘言;象者所以存意,得意而忘象。猶蹄者所以在兔,
> 得兔而忘蹄;筌者所以在魚,得魚而忘筌也。然則言者象
> 之蹄也,象者意之筌也。是故存言者,非得象者也;存象
> 者,非得意者也。象生於意,而存象焉,則所存者乃非其
> 象也;言生於象,而存言焉,則所存者乃非其言也。然則
> 忘象者,乃得意者也;忘言者,乃得象者也。得意在忘象,
> 得象在忘言。故立象以盡意,而象可忘也;重畫以盡情,
> 而畫可忘也。(《周易略例・明象篇》)

這一大段話，論及言、象、意的關係，可以分就兩方面來看：

第一，就作者表達意義的程序來說，必須心中先有某種情意，才能利用象徵，形諸文字。也就是「意→象→言」的依次展現。故「意」是本，「象」與「言」則是由本所生之末。王弼說「言生於象」、「象生於意」，當是這個意思。

第二，就讀者理解意義的途徑來說，須先通過文字，明白象徵，以致得其本意。這是「言→象→意」的溯求，也就是「由末返本」之道。王弼說「尋言以觀象」、「尋象以觀意」，應該含有這個意思。——依王弼之見：言是象的代表，象又是意的代表；盡意莫若象，盡象莫若言；故尋繹言之理，則可以得象；尋繹象之理，則可以得意。換句話說，言和象二者，不過是作者為求「達意」，讀者為求「得意」的工具而已，它們都不是「意」本身。用《莊子・外物篇》的比喻來說：言之於象，就好比蹄之於兔；象之於意，也好比筌之於魚；蹄是得兔的憑係，筌是捕魚的器具；若是兔已得、魚已獲，則蹄自可忘，筌自可捨。同樣，言只是為了明象，象只是為了明意，故若能由尋言以觀象、尋象以觀意的過程，進而獲知本理本意，則言與象自須忘卻，不應再受其轄制與影響。否則，拘執於言，必反失本象；拘執於象，必反失本意。這就永遠體會不到聖人立言、設象、畫卦的內蘊之義了。所以說：「得意在忘象，得象在忘言。」只有通過言與象，又超越過言與象（忘言、忘象），才能真正掌握到那個難以言傳、又難以象喻的無形無名之道。

基此觀點而理解《易經》，王弼在《乾卦・文言傳》的注裏舉了一個實例：

夫易者，象也。象之所生，生於義也。有斯義，然後明之
以其物，故以龍敘乾，以馬明坤，隨其事義而取象焉。

這是說：《易經》的哲理，每用卦象來表現。然而卦象的產生，必
先有某種內涵的意義作基礎。譬如以龍來敘述乾健的德性，以馬
來說明坤順的道理，都是先有健、順的意義，而後才用龍、馬、
牛之類的象徵來表現。在《周易略例・明象篇》中，他更進一步
說明了這個道理。他認為：「只要合乎所要表達的意義，凡物都可
取為象徵。故義苟在健，《乾卦》何必一定取象於馬？義苟在順，
《坤卦》何必一定取象於牛？然而有人解《易》，每每定馬於《乾》，
而案文責卦；以致有馬無《乾》，偽說滋漫；互體不足，遂及卦變；
卦變不足，又推及五行；一旦失其本原，穿鑿附會之奇巧則愈演
愈深，縱有勉強可以說得通的，但在意義上卻一無可取；這就是
存象忘意的流弊。因此，必須忘象以求其本意，才能窺得《易經》
的真諦。」❶很明顯地，王弼這番「忘象得意」的主張，乃是針對
著兩漢繁瑣荒謬的治經方式而發的——尤其是對象數《易》學的
流弊開刀的。他指斥象數《易》的荒誕不經處，真是一針見血，
不留餘地！直替時人普遍厭倦陰陽、五行、讖緯、數術之學的心
理吐了一口氣。從此，光怪陸離的象數學便一蹶不復，逐字訓詁

❶ 這段話在《周易略例・明象篇》的原文是：「是故觸類可為其象，合
義可為其徵，義苟在健，何必馬乎？類苟在順，何必牛乎？爻苟合
順，何必《坤》乃為牛？義苟應健，何必《乾》乃為馬？而或者定
馬於《乾》，案文責卦，有馬无《乾》，則偽說滋漫，難可紀矣！互
體不足，遂及卦變；變又不足，推致五行。一失其原，巧愈彌甚，
縱復或值，而義无所取，蓋存象忘意之由也。忘象以求其意，義斯
見矣。」

的風氣也走向末路，抽象玄虛的思想取得優勢，既簡且文的玄學體系，便被王弼輕而易舉地建立起來了。

由此可見，忘言忘象以得意的主張，不但契合於玄學的宗旨，可用以解決本體的把握問題；而且成為解經的要法，針對兩漢經說的穿鑿附會，提出一種重意尚簡的廓清之道。湯用彤先生即說：「夫玄學者，謂玄遠之學。學貴玄遠，則略於具體事物而究心抽象原理。論天道則不拘於構成質料 (cosmology)，而進探本體存在 (ontology)。論人事則輕忽有形之粗迹，而專期神理之妙用。夫具體之迹象，可道者也，有言有名者也。抽象之本體，無名絕言而以意會者也。迹象本體之分，由於言意之辨。依言意之辨普遍推之，而使之為一切論理之準量，則實為玄學家所發現之新眼光、新方法。王弼首唱得意忘言，雖以解《易》，然實則天道人事之任何方面，悉以之為權衡，故能建樹有系統之玄學。」❶⑨誠然！

再者，此法的運用，也可用以會通孔老，巧妙地解決當時的儒道之爭。此從王弼與苟俣、苟粲（約 203～231）所見之異同比較中，可以得知。《三國志‧苟彧傳‧裴松之注》引《晉陽秋》載：

何劭為粲傳曰：粲（苟粲）字奉倩。粲諸兄並以儒術論議，而粲獨好言道。常以為：「子貢稱夫子之言性與天道不可得聞，然則六籍雖存，固聖人之糠粃。」粲兄俣難曰：「《易》亦云聖人立象以盡意，繫辭焉以盡言，則微言胡為不可得而聞見哉？」粲答曰：「蓋理之微者，非物象之所舉也。今稱立象以盡意，此非通于意外者也；繫辭焉以盡言，此非言乎繫表者也；斯則象外之意、繫表之言，固蘊而不出矣。」

⑲　語出湯用彤〈言意之辨〉一文，見《魏晉玄學論稿》，二五～二六頁。

（俁）及當時能言者不能屈也。

案：荀粲出身儒門官宦世家，是漢易大師荀爽的姪孫，魏太尉荀
彧的少子。他自幼即尚玄遠而好言道，與其家學傳統之宗尚儒術
者大相逕庭。此一談座發生在魏朝黃初、太和年間❷；與他對難
的，乃是他哥哥荀俁。談辯主題，表面上看，為「言」、「象」、
「意」關係之討論，實際上則已涉及治經方式及「儒」、「道」地
位之爭。依荀粲之見，六籍乃聖人之糠粃，至道實超乎言象之外，
因引子貢所謂「夫子之言性與天道不可得聞」為證，力申「言象
不可盡意」之旨，話中頗有厭棄章句訓詁的用意。但依荀俁之見，
六經乃神聖而完備之經典，微言妙理盡蘊於言象之中，故舉《周
易·繫辭傳》所謂「聖人立象以盡意，繫辭焉以盡言」為證，力
倡「言象可以盡意」之說。兩方爭論，各持己見；前者崇道，後
者宗儒；前者標新，後者守舊。就雙方爭論的心理背景看，實在
透露了魏晉整個世代的徬徨和苦悶——浩瀚群籍究竟如何下手？
儒道兩家到底何所是從？這都是他們共同關切的問題。故在荀氏
兄弟爭議「言象可否盡意」以後不久，正始之際，王弼便繼而發
起「忘言忘象以得意」的主張。他的主張，大體看來，似乎接近

---

❷　《三國志·魏書》無《荀粲傳》，但由第一〇卷《荀彧傳》注引《晉
陽秋》載何劭《荀粲傳》，即可窺其生平事略。中云：「太和初，到
京邑，與傅嘏談。」又云卒時「年二十九」。據此推論，荀粲參與太
和談座，至少當有二十歲，至多亦不過二十八、九歲。折衷之，當
在二十四歲左右。設若太和初年（西元 227），荀粲年約二十四，則
其生年乃在漢獻帝建安八年左右（西元 203 前後），卒年則在魏明帝
太和五年左右（西元 231 前後）。其與諸兄共論「言象可否盡意」，
乃在魏黃初、太和年間無疑。

苟粲，其實則有不同。苟粲崇道賤儒；王弼雖亦崇道，但不賤儒。因為按照苟粲的意思，「言」與「象」既然不足以盡「意」，則「言」似乎等於無用，所以他說「六籍雖存，固聖人之糠粃。」然而，王弼卻不抱著這種抹煞聖典的態度，他乃是運用「言象不足以盡意」的觀念，要人破除對文字與物象的表面拘執，進一步使用「寄言出意」的方法，去領會那個言外象外的真正本意與本理。

　　在王弼看，儒經上所呈現的那些「可以言傳」、「可以象喻」的禮儀教化，乃是有形有名的「末」、「用」（道的表象）；而《老子》書中一再申述的那個「不可言傳」、「不可象喻」的道體之無，則是無形無名的「本」、「體」（道的本體）。如果學者不因言象而忘其意，不因末用而廢其本，則儒道兼修，自可達到本末並濟、體用合一之境。據此，忘言忘象以得意的主張，既大力標舉了得意、崇本的重要，卻也未嘗抹煞言象、名教的功效。而儒道兩家也就在他這種富有詭辯色彩的抽象理論中，打通了彼此的疆界，化解了思想的歧異，竟然融通為一。於是六經全豹，便在玄學之管的窺測下、在玄理之思的意會下，有意無意地被老莊化了。

# 第四章　周易注析論

## 第一節　王弼易的出現

### 一、王弼以前易學史略

　　《周易》是一部叢書性質的書，由「經」與「傳」兩大部分組成。「經」的部分，包括〈卦辭〉與〈爻辭〉。〈卦辭〉是闡說六十四卦每一卦的文字；〈爻辭〉是闡說三百八十四爻每一爻的文字。由於其中有義理可以明顯究詰的實在很少，而且很多語句頗令人費解，所以自朱熹提出「《易》本卜筮之書」的見解以後，〈卦、爻辭〉是西周初葉卜筮官的占筮記錄，已成定讞。「傳」的部分，就是通常所說的〈十翼〉，包括〈彖〉上下、〈象〉上下、〈繫辭〉上下、〈文言〉、〈說卦〉、〈序卦〉與〈雜卦〉等十篇。大體上乃是發揮儒家的政治、倫理哲學，但其宇宙論則與《老》、《莊》思想略有相通之處。簡單地說，〈彖傳〉斷定一卦的涵義；〈象〉分大小，〈大象〉解釋〈卦辭〉，〈小象〉解釋〈爻辭〉；〈繫辭〉追述《易》義的起源，推衍《易》學的作用，偶而也有分別解釋〈卦辭〉、〈爻辭〉的話；〈文言〉則專解《乾》、《坤》兩卦；〈說卦〉推演卦象

的象徵；〈序卦〉說明六十四卦排列先後的道理；〈雜卦〉比較各卦意義的異同。有關〈十翼〉的作者，唐以前的學者一致承認是孔子作的，直到宋代歐陽修懷疑〈繫辭〉、〈文言〉與〈說卦〉以下三篇「皆非聖人之作」以來，近人已斷定為儒門學者所為。因〈彖〉、〈象〉較成體系，〈繫辭〉、〈文言〉較為紛雜，〈說卦〉以下三篇並攙有五行配四方、四時與數字之旨，故著成時代乃略有先後，但大致不會早於戰國晚期，也不會晚於西漢昭宣之後❶。

　　一般說來，「傳」本是解經的文字，應當忠實於經的本來面目。可是〈卦辭〉、〈爻辭〉既是先民迷信的占卜書，哲學價值並不顯著；而〈十翼〉的出現，卻使《周易》的卜筮用途轉變，進而提高它的哲學意義。雖然未盡符合「經」的本意，卻使《周易》成為儒家經典的第一部寶藏。

　　西漢宣帝以前的《易》學，可以說是〈易傳〉的延續，它的範圍還未離開儒門〈十翼〉義理之外❷。然而，隨著時代風尚的轉變，《易》學的發展，從孟喜（約西元前90～前40）開始，便已脫離〈十翼〉的精神，逐漸附上陰陽、五行、天干、地支等理論，而有十二消息卦、六日七分、納甲、爻辰、飛伏、互體、半象、旁通、世應……等新奇怪異的名目出現。從此，象數成為漢《易》的主流：前期的象數《易》，由西漢宣帝年間到新莽時止，約當西元前五〇年至西元二〇年，如孟喜、焦延壽、京房、費直、高相等家，都以占驗災異為主；後期的象數《易》，由東漢順帝以

---

❶　有關《周易》的著成時代，可參余永梁〈易卦爻辭的時代及其作者〉，以及李鏡池〈易傳探源〉、〈論易傳著成時代〉三文。並見《古史辨》第三冊，九五～一三二、一三二～一三四、一四三～一七〇頁。

❷　參屈萬里《先秦漢魏易例述評》上卷，一～七五頁。

後到王弼以前，約當西元一三〇年至二四〇年，如鄭玄、荀爽、虞翻、馬融等家，則以卦變為主，並以之注解經文。雖然自費直、鄭玄以還，漸有以傳解經，或以傳合經者，但仍不脫占筮及卦變的範圍。故環顧整個漢《易》的天下，不是關乎曆，就是關乎象，可以說是象數說的總匯，雲來霧去三百年間，〈十翼〉義理的真精神早已湮沒不顯了❸！

今試舉「互體」為例，即可見其一斑。案：互體之說，成於京房（西元前 77～前 37）。他把一個兩體六爻的卦，自第二爻至第四爻，互另一卦體；三至五三爻，又互另一卦體。例如《中孚卦》䷼，二至四爻可以互作《震》☳，三至五爻可以互作《艮》☶，加上它原有的內體（初至三爻）《兌》☱，及外體（四至上爻）《巽》☴，於是就有四體。既有四體，便可取得四個象，使更易於比附天人交感之說。這是京房據〈繫辭傳〉「二四、三五同功異位」之言而附會者。至鄭玄 (127～200)、虞翻 (170～239)，那就更繁了。「既以二至四爻，三至五爻，互三畫之卦二。復以一至五，二至上，各互六畫之卦一。更以初至四，二至五，三至上，各互六畫之卦一。又有本不成體，而據其半象，以為互體者。則一卦可衍為無數之卦體。」❹若再添以爻變、卦變、爻辰、納甲、假象、逸象……等為說，那簡直就更支離謬悠，繁瑣至極！

王弼有鑑於兩漢《易》學，如此上天下地地極盡其攀連牽合之能事，深感此一捨本逐末之學日趨纖巧雜怪，故斥責其流弊說：

---

❸　參屈萬里《先秦漢魏易例述評》下卷，七七～一四八頁。又高懷民《兩漢易學史》，一〇四～二四九頁。

❹　引自屈萬里《先秦漢魏易例述評》下卷，「虞氏互體」節，一二七～一二九頁。

「一失其原，巧愈彌甚，縱復或值，而義无所取，蓋存象忘意之由也。」(《周易略例・明象篇》) 於是，他便勇敢地挾象數之革命而起，力圖讓〈十翼〉義理重見天日。因此，他的出現，無疑地是使《易》學發展重趨哲理研究的一顆救星。

## 二、王弼易注的底本問題

由於《周易》的「經」與「傳」，作者不同，著成時代也不同，故東漢以前所見的《周易》本，原是「經」、「傳」分離的。《漢書・藝文志》著錄「《易經》十二篇」，顏師古《注》即云：「〈上、下經〉及〈十翼〉」。孔穎達《正義》則詳云：「〈十翼〉者：〈上彖〉一、〈下彖〉二、〈上象〉三、〈下象〉四、〈上繫〉五、〈下繫〉六、〈文言〉七、〈說卦〉八、〈序卦〉九、〈雜卦〉十。」可見漢代通行的《周易》本，乃是經自經，傳自傳，分為〈經上〉、〈經下〉及〈十翼〉，共十二篇文字，而不相混合。然而，自魏朝王弼的《易注》本暢行以來，吾人所見的本子卻是經傳相合的樣式。——蓋除《乾卦》將〈彖〉、〈象〉、〈文言〉置於該卦整個〈卦、爻辭〉之末以外；其餘六十三卦，均將〈彖傳〉與〈大象〉分別附入各卦〈卦辭〉之下，將〈小象〉分別附入各爻〈爻辭〉之下，且冠以「彖曰」、「象曰」等語辭(案：《坤卦》的〈文言〉，蓋置於該卦之末)。而〈繫辭〉、〈說卦〉、〈序卦〉、〈雜卦〉四者，則置於六十四卦的最末。——這種以傳附經的體裁，究竟是從何時開始的？自來有三、四種不同的說法：一曰始於費直 (約西元前 50～10 左右)，一曰始於鄭玄 (127～200)，一曰始於王弼。但也有不少學者認為是由費直肇其端，再經鄭玄、王弼以後，才逐漸變成今日將〈彖〉、〈象〉、〈文言〉分散附於各卦〈卦、爻辭〉下的《周易》

本。據考，以下的推演過程應該是比較切合實際的：

(1)費直「以〈彖〉、〈象〉、〈繫辭〉十篇之言解說〈經〉上下」，只是用〈十翼〉來講解經文，尚未變更古本《周易》「經自經，傳自傳」的體裁。

(2)鄭玄繼承費直以傳解經的路線，才將〈彖〉、〈象〉整個附於經文之後，並加「彖曰」、「象曰」等字；但只如今本王弼《易》的《乾卦》〈文言〉以前的排列樣式而已。

(3)王弼又繼承鄭玄注的《周易》本，更進一步將〈文言〉分附於《乾》、《坤》二卦之後，且將〈彖〉與〈大象〉分附於各卦〈卦辭〉之後，將〈小象〉分附於各爻〈爻辭〉之後，並加上「文言曰」、「彖曰」、「象曰」等字樣，只存《乾》一卦以見鄭本之舊。至於〈繫辭〉以下諸篇，則仍然保留古本的樣式。

簡單地說：以傳合經的體裁，實際上是從鄭玄開始的，但卻到了王弼才見完成。此中，我們自然可以考慮到荊州「後定」的經學簡化運動對王弼的影響。然而，王弼所以能夠繼承費直與鄭玄的遺風，把《易經》的本子作最適當、最合理、最徹底的調動，我想這也跟他採取「以傳解經」的注經態度大有關聯❺。

　　至於〈繫辭〉以下諸篇，王弼何以無注呢？自來注意到這個問題的人並不多，依照推測，可能的原因有以下幾種：

(1)〈繫辭〉以下也是解經的文字，就文辭本身看，似較經文簡易而無庸再煩作注；況且王弼在《周易略例》及《周易

---

❺　參林麗真〈易傳附經的起源問題〉一文，見《孔孟月刊》第一七卷，第三期，二五～二八頁。收錄於《義理易學鉤玄》，頁三七～四八，臺北：大安出版社，2004 年。

注》中，引用〈繫辭〉處並不算少數，故不復別注。

⑵〈繫辭〉以下稍嫌零雜，不類〈彖〉、〈象〉之有體系。而且王弼既附〈彖〉、〈象〉、〈文言〉於經，故順手注之，乃是理所當然；而〈繫辭〉以下則獨立成篇，故不加注。

⑶天不假年，王弼只活了短短的二十四年。可能在剛注完六十四卦及〈彖〉、〈象〉、〈文言〉的時候，即罹重病而卒，因此而未及完成整部《易注》。

⑷王弼《易注》以摒除占驗卦變等象數《易》說為主。但在〈十翼〉之中，〈繫辭傳〉有涉占筮，〈說卦傳〉以下三篇廣衍卦象，皆不類〈彖〉、〈象〉、〈文言〉之純重義理，故為貫徹其《易注》的一貫主張，便捨棄〈繫辭〉、〈說卦〉、〈序卦〉、〈雜卦〉諸篇而不注。

這四種推測的可能性都不小，而說得較有分量的，則算第四種，這是日本狩野直喜所提出的見解。他認為：「王弼於〈繫辭〉以下無注，必有很深的道理在。因為王弼視《易》為義理的書，而非占筮的書。在〈十翼〉裏頭，〈彖〉、〈象〉、〈文言〉皆屬義理性的解釋，直接與占筮有關的很少，然而〈繫辭〉以下卻不這樣。〈繫辭上傳〉有云：『天地之數五十有五。』又云：『大衍之數五十，其用四十有九。』其中不僅說明了揲蓍（占筮）的方法，而且還有『以卜筮者尚其占』的話。至於〈說卦傳〉的孳衍卦象，則更見紛雜。所以，若要貫徹《易經》的義理性，〈繫辭〉以下便不得不放棄。……王弼敢在〈十翼〉之內作取捨的功夫，在當時來說，是史無前例的。原來，〈十翼〉在漢儒的眼光裏，乃為孔子一人的創作，它的重要性並不亞於上、下《經》。如果王弼相信這十篇一併是孔子作的，則縱或跟他自己的立場多麼不合，也不應該在這十篇裏

頭作任何的取捨。可是他竟然不注〈繫辭〉以下諸篇，這種取捨
〈易傳〉的態度，難道不可以說是歐陽修《易童子問》懷疑『〈繫
辭〉、〈文言〉、〈說卦〉以下皆非聖人所作』的先驅嗎?」❻狩野直
喜的看法實在蠻有道理。如果王弼不是因為短命才不能完成全注
的話，那麼，對於「〈繫辭〉以下無注」這問題所象徵的意義，也
就不可等閒視之了。

# 第二節 「崇本息末」原則在解易方法上的應用

　　王弼的《易》學著作，有《周易注》六卷，《大衍論》三卷及
《周易略例》一卷；除《大衍論》外，餘者皆全保存。其中，《周
易略例》是王弼《周易注》的總綱，申明《周易》的基本原則。
唐四門助教邢璹在《略例注》的序文中稱：「王輔嗣《略例》，大
則總一部之指歸，小則明六爻之得失。」❼所以要想明瞭王弼的《易
注》，就得先讀其《周易略例》。此文，分為七節：⑴〈明象〉，⑵
〈明爻通變〉，⑶〈明卦適變通爻〉，⑷〈明象〉，⑸〈辯位〉，⑹
〈略例下〉，⑺〈卦略〉。〈明象篇〉由「易簡」的道理，說明「象」
的意義；〈明爻通變篇〉由「變易」的情由，說明「爻」的變化；
〈明卦適變通爻篇〉綜合〈明象篇〉與〈明爻通變篇〉的主旨，
再論卦的時義與爻的變動；〈明象篇〉申述忘象以得意的原則；〈辯
位篇〉講明爻位的陰陽；〈略例下〉補述前五篇的不足；〈卦略篇〉
舉出《屯》、《蒙》、《履》、《臨》、《觀》、《大過》、《遯》、《大壯》、

---

❻　狩野直喜《魏晉學術考》，二七四～二七六頁。
❼　王弼《周易略例》邢璹序，見程榮校刻《漢魏叢書》本，第三四頁。

《明夷》、《睽》、《豐》等十一卦的要領。在此諸節短文中，又以頭兩節的〈明象〉與〈明爻通變〉作為基本。錢穆先生說：

> 《周易略例》首〈明象〉，即專言理；次〈明爻通變〉，即專言情。一切人事，情理二字足以盡之，此弼注《易》之大旨❽。

這話說得一點也不錯，所謂「理」與「情」，在王弼的觀念中，實相當於「本」與「末」、「一」與「多」、「簡」與「繁」、「常」與「變」的關係。《周易略例》基本上即在表明「舉本統末」、「以一治多」、「執簡御繁」、「守常應變」的《易》學要領。此一要領，當是王弼研究《老子》所得的「崇本息末」原則的應用。

　　在王弼看，《易經》一書包羅萬象，小者明人事之吉凶，大者闡天道之變化，雖其原始用途不脫占筮迷信，但它絕不是一部漫無條理的大雜燴；此從六十四卦之各有一名，亦各具意義，並按一定秩序排列，且與人事間的種種事態相應，便知其中乃隱含著「宇宙秩序」的觀念。〈易傳〉解經，即在展現此一宇宙秩序，將《易》視為一套系統哲學。王弼依循〈易傳〉解經的途徑，本從義理說《易》，故對六十四卦三百八十四爻的形式結構與內涵思想，皆極重視。他認為「物无妄然，必由其理。統之有宗，會之有元，故繁而不亂，眾而不惑。」（《周易略例・明象》）《易》之所以能彰顯它「繁而不亂，眾而不惑」的秩序，若就內涵思想論，乃在《易》具本末相貫的體用哲學；若就形式結構論，亦在《易》含本末有

---

❽　錢穆〈王弼郭象注「易」「老」「莊」用理字條錄〉一文，見《莊老通辨》，頁三四九。

序的組織系統。關於前者，且待本章第三節分析；關於後者，〈明
象篇〉與〈明爻通變篇〉所揭示的注《易》方法，實可見其要旨。
大抵說來，〈明象篇〉就本理上看《易》，故特強調主爻與卦義的
把握；〈明爻通變篇〉就作用上解《易》，故由陰陽質異相求的道
理，顯示六爻成變的規律。王弼注《易》，可以說是本此兩大原則
作基礎，再加上他對卦時與爻位的一般主張而發的。茲分述如下：

## 一、就本理上看易──對主爻與卦義的把握

　　由於王弼是一個極重理統的人，他的興趣不在枝節末葉的事
例上，而在大本大根的要理上。故不論治任何學問，他總是希望
能先找到一個執簡御繁的方法。他一直以為：「眾」本身並不能治
理眾，治理眾者必然是絕對的「至寡者」；「動」本身也不能支配
動，支配動者必然是至一的「不動者」。「故自統而尋之，物雖眾，
則知可以執一御也；由本以觀之，義雖博，則知可以一名舉也。」
（《周易略例・明象》）《易》有眾多的卦爻，看似組織龐大、事理
複雜，但他堅信一定可以執「一」以御之，舉「本」以統之。既
然三百六十四爻統攝於六十四卦，而每六爻又分屬於一卦，則就
各卦說，他便認為：「六爻相錯，可舉一以明也；剛柔相乘，可立
主以定也。」（《周易略例・明象》）因此，當他著筆注解《易經》
的時候，首先便企圖掌握每卦之中起主導作用的那一爻，進而辨
明全卦的主旨大義所在。於是他便發現〈彖傳〉在每一卦中的特
殊作用與意義：因為就各卦本身的組織系統來說，處於「璇璣」
與「會要」地位的，正是〈彖傳〉。〈彖傳〉是「總論一卦之體，
明其所由之主者」，只有從〈彖傳〉之中才能直截地找到每一卦的
主爻與卦義。因此《周易略例・明象篇》一再提到〈彖傳〉的重

要性說:

> 「故舉卦之名，義有主矣。觀其〈彖辭〉，則思過半矣!」
> 「品制萬變，宗主存焉;〈彖〉之所尚，斯為盛矣!」
> 「繁而不憂亂，變而不憂惑，約以存博，簡以濟眾，其唯〈彖〉乎!」

萬變的宗主、各卦的時義，都可在〈彖辭〉中找到線索，自然〈彖傳〉便成王弼詮釋〈卦辭〉、斷定卦義的主要依據了。

　　然而，王弼之釋〈卦辭〉，在六十四卦中，有半數以上卻是空白無注的。那就是:《乾》、《需》、《比》、《履》、《泰》、《否》、《同人》、《謙》、《豫》、《隨》、《蠱》、《臨》、《賁》、《剝》、《復》、《无妄》、《大畜》、《頤》、《大過》、《咸》、《遯》、《大壯》、《晉》、《明夷》、《睽》、《損》、《益》、《姤》、《兌》、《渙》、《節》、《中孚》、《既濟》、《未濟》等卦。王弼對這三十四卦的〈卦辭〉不加注的理由，無非是因為〈彖傳〉(有時也包括〈大象傳〉)對〈卦辭〉已有極詳實的解釋，所以他便覺得沒有再加注的必要。此從其餘三十卦的〈卦辭〉注，幾乎皆是〈彖辭〉的複述或引申，即可得證。

　　基於王弼對〈彖傳〉的重視，故其掌握卦義的方法，便聲稱是循〈彖傳〉的啟示而來:或以某爻為主以見卦義，或以內外二體以見卦義，或參以卦名以見卦義，或以陰陽消長以明卦義。以下且就此四方面舉例說明:

## (一)以某爻為主以見卦義

　　《周易略例‧略例下》云:「凡〈彖〉者，通論一卦之體者也。

一卦之體，必由一爻為主，則指明一爻之美，以統一卦之義。」而一卦有六爻，究竟該以那一爻為卦主？若說凡經〈象傳〉所特別提示的那一爻，便是全卦的卦主，則〈象傳〉又據何種標準來選定卦主？按照王弼的認識來看，卦主之例似有兩大類型與標準：一是根據「以一治多」、「以寡統眾」的原則，舉出性質突特或少見的某一爻為卦主，如眾陰之中的陽爻，或眾陽之中的陰爻即是；一是遵循〈易傳〉素所強調的「居尊」、「處中」等原則，逕以第二爻或第五爻為卦主。

　　前者之例，如《履卦》（䷉）的〈彖辭〉說：「履，柔履剛也。」王弼《注》便說：「成卦之體，在六三也。……三為履主，以柔履剛，履危者也。」又如《蒙卦》（䷃）的〈彖辭〉說：「初筮告，以剛中也。」王弼《注》便說：「謂二也，二為眾陰之主也。」像這樣，《履卦》或《蒙卦》所以斷定該卦的卦義取決於六三或九二，基本原因並不在於它是否具備「居尊」、「處中」等條件，而是在於它是一個性質突特或希有的爻，可以符合「以一治多」、「以寡統眾」的執簡御繁原則，所以能夠成為六爻之中真正起主導作用的「主爻」。〈明象篇〉便如此表示：「夫少者，多之所貴也。寡者，眾之所宗也。一卦五陽而一陰，則一陰為之主矣；五陰而一陽，則一陽為之主矣！夫陰之所求者，陽也；陽之所求者，陰也。陽苟一焉，五陰何得不同而歸之？陰苟隻焉，五陽何得不同而從之？故陰爻雖賤，而為一卦之主者，處其至少之地也。」《周易注》中，以唯一的陰爻或陽爻為卦主者有八：如上舉之《履》䷉，以及《小畜》䷈、《同人》䷌、《大有》䷍凡四卦，皆是五陽一陰的卦，王弼便指明獨一的陰爻為該卦的卦主。再如《師》䷆、《比》䷇、《謙》䷎、《豫》䷏四卦，皆是五陰一陽的卦，王弼便指明獨一的陽爻為

該卦的卦主。他如《蒙》䷃、《需》䷄、《噬嗑》䷔、《頤》䷚、《晉》䷢、《蹇》䷦、《震》䷲七卦，除《噬嗑》外，皆屬二陽或二陰的卦。王弼便指明《晉》之六五，以一陰而為上卦之主；《蹇》之九三，以一陽而為下卦之主；《需》之上六，以一陰而為三陽之主；《蒙》之九二、《噬嗑》之九四、《頤》之上九、《震》之九四，皆以一陽而為眾陰之主。凡此諸例，皆是王弼《易注》較〈彖傳〉本旨更為跨前一步的詮解，可以算是一大創例。然而，《夬》䷪、《剝》䷖、《姤》䷫、《復》䷗四卦，因其唯一之陰爻或陽爻皆在初位或上位，故王弼並未以之為卦主；《明夷》䷣陰多陽少，但為牽就卦名之義，故亦未以居少的陽爻為卦主，而別以上六為卦主；此是例外。

　　清人李光地 (1642～1718) 曾申言卦主之例云：「凡所謂卦主者，有成卦之主焉，有主卦之主焉。成卦之主，則卦之所由以成者，無論位之高下、德之善惡，若卦義因之而起，則皆得為卦主也。主卦之主，必皆德之善，而得時得位者為之，故取於五位者為多，而它爻亦間取焉。」❾依此分析，前段所舉十數例，當指成卦之主言。至於主卦之主，蓋本〈彖傳〉所謂「居尊」、「處中」等原則而發，如《訟》䷅、《觀》䷓、《无妄》䷘、《坎》䷜、《益》䷩、《夬》䷪、《渙》䷺、《節》䷻、《中孚》䷽，諸卦之九五爻，《噬嗑》䷔、《賁》䷕、《大畜》䷙、《剝》䷖、《恆》䷟、《未濟》䷿諸卦之六五爻，以及《遯》䷠，諸卦之六二爻等，王弼乃皆指明該爻因具「居尊」、「處中」之條件而為卦主。唯此處仍須辨明的，則是：既經王弼指明為主卦之主者，雖其判定原則不離〈彖傳〉的提示，但與〈彖辭〉本義還是頗有出入的。因為〈彖傳〉

強調「居尊」、「處中」時，乃是重在申明其位之尊、其德之美；而王弼援用「居尊」、「處中」時，則是作為斷定主爻的憑藉，為的是據主爻以治諸爻，以便掌握全卦之義，達到「舉本統末」的目的。故〈彖傳〉作者重道德，而王弼則重理統，此是大異之處。

## （二）由內外二體以見卦義

　　〈彖傳〉說經，每及內外二體；〈象傳〉於六十四卦，無一不以二體為說。王弼注〈卦辭〉、〈爻辭〉及〈大象〉，稟承〈彖〉、〈象〉傳例，以二體說明卦義者，亦不少見。案〈彖〉、〈象〉之述卦象：每以《乾》為天；《坤》為地；《震》為雷；《巽》為風，為木；《坎》為水，為雨，為雲，為泉；《離》為火，為明，為目，為電，為女；《艮》為山，為男；《兌》為澤，為水，為女。其述卦德：又以《乾》為剛健；《坤》為柔順；《震》為動，為剛；《巽》為入，為柔；《坎》為險；《離》為明，為柔；《艮》為止，為剛；《兌》為悅，為柔❿。〈說卦傳〉更有以《震》為長男，《巽》為長女，《兌》為少女者⓫。——因八卦（三爻之卦）各有不同的卦象與卦德，故當此「三爻之卦」兩相配合而成「六爻之卦」的時候，便會發生內外、往來、進退、承乘等關係。凡卦之上體謂之外，下體謂之內。之外曰往，又曰上，又曰進；反內曰來，又曰下，又曰退。上卦對下卦而言，謂之乘；下卦對上卦而言，謂之

---

❿　參見屈萬里《先秦漢魏易例述評》上卷，七～一二頁。

⓫　〈說卦傳〉云：「震一索而得男，故謂之長男；巽一索而得女，故謂之長女；坎再索而得男，故謂之中男；離再索而得女，故謂之中女；艮三索而得男，故謂之少男；兌三索而得女，故謂之少女。」見《周易》，《十三經注疏》本第九卷，第七頁。

承。由內外二體和合相與的情形，來說明一卦的要旨，此法見於王弼《周易注》中，甚為普遍。《周易略例・明象篇》說：「或有遺爻而舉二體者，卦體不由乎爻也。」意即：有些卦所體現的意義，不在某一爻，故無法為它找到卦主，這時便可根據該卦的上下二體來斷定它的卦義。例如《隨》☲，是《兌》上而《震》下；《兌》為說（悅），為柔，為陰；《震》為動，為剛，為陽；《震》在《兌》下，意同「以剛下柔，動而之說」，乃是「陰順陽」者；所以《隨卦》的〈彖辭〉說：「剛來而下柔，動而說，隨。」王弼《注》即云：「《震》剛而《兌》柔也，以剛下柔，動而之說，乃得隨也。」九五爻的〈小象〉注亦云：「隨之為體，陰順陽者也。」又如《井》☵，是《坎》上而《巽》下；《坎》為水，《巽》為木；《坎》在《巽》上，意同「水在木上」，有上水以養木之義；所以《井卦》的〈大象〉說：「木上有水，井。」王弼《注》即云：「木上有水，井之象也。上水以養，養而不窮者也。」類此之例，尚有《蒙》、《需》、《泰》、《同人》、《蠱》、《臨》、《賁》、《剝》、《无妄》、《大過》、《恆》、《大壯》、《明夷》、《睽》、《蹇》、《解》、《損》、《益》、《夬》、《升》、《困》、《革》、《歸妹》、《豐》、《渙》、《節》、《小過》等卦，也都可以找到經由二體以明卦義的實證。

## （三）由卦名以見卦義

《周易略例・明象篇》云：「舉卦之名，義有主矣。觀其〈彖辭〉，則思過半矣！」可見由卦名想見卦義，從〈彖傳〉的提示，就可得到直接的答案。王弼注六十四卦，隱顯之間，都替每一卦的卦名下了定義。其明文闡釋者甚多，例如《需》☵，〈彖辭〉說：「《需》，須也。」九五〈爻辭〉注便說：「《需》之所須以待達也。」

又如《噬嗑》䷔，〈彖辭〉說：「頤中有物，曰噬嗑。」〈卦辭〉注便說：「噬，齧也；嗑，合也。凡物之不親，由有過也。有間與過，齧而合之，所以通也。」他如釋《復》䷗為「反本」，釋《大過》䷛為「大者乃能過」，釋習《坎》䷜為「習重乎險」，釋《離》䷝為「麗也」、「著也」，釋《家人》䷤為「各自脩一家之道，不能知家外他人之事」，釋《鼎》䷱為「取新成變者」，釋《震》䷲為「威至而後乃懼者」，釋《艮》䷳為「止而不相交通」，釋《漸》䷴為「漸進」，釋《旅》䷷為「大散」，釋《小過》䷽為「過於小事而通者」，釋《既濟》䷾為「皆濟」、「小者不遺」。……凡此之例，可說不勝枚舉，實是王弼掌握卦義的常用方法之一。

## （四）由陰陽消長以明卦義

由陰陽消長以明卦義者，在〈彖傳〉之中，並不多見，約僅《臨》、《剝》、《復》、《遯》、《大壯》、《夬》諸卦而已。王弼以傳解經，凡有涉及陰陽消長之義者，大都不出〈彖傳〉之外。例如：《臨》䷒〈彖傳〉云：「剛浸而長。」意謂二陽爻在下相連，有自下漸上的「浸長」之象，王弼《周易略例・卦略下》便說：「此剛長之卦也。剛勝則柔危矣，柔有其德乃得免咎，故此一卦陰爻雖美，莫過无咎也。」又如：《夬》䷪〈彖傳〉云：「《夬》，決也。剛決柔也。」王弼注其〈卦辭〉云：「《夬》，與《剝》反者也。《剝》以柔變剛，至於剛幾盡；《夬》以剛決柔，如《剝》之消剛。剛隕則君子道消，柔消則小人道隕。」九五注亦云：「《夬》之為義，以剛決柔，以君子除小人者也。」像這類注解，雖然略有近似漢儒「消息」之說（陽長曰息，陰長曰消），唯〈彖傳〉未嘗以《復》、《臨》、《泰》、《大壯》、《夬》、《乾》、《姤》、《遯》、《否》、《觀》、《剝》、

《坤》為十二消息卦或十二月卦，王弼也很謹慎地根據〈彖傳〉加注，特別反對象數《易》的穿鑿附會；所以，對於陰陽消長的說法，他只接受〈彖傳〉的啟示，用以比喻君子小人之義而已，並沒有沾染到荀爽 (128～190)、虞翻 (170～239) 等人的「消息」說與「卦氣」說的餘習。

　　綜上所述，可以看出王弼表明卦義的方法，要皆本乎〈彖傳〉（時亦參以〈象傳〉）而能作更廣泛的應用。就他顯示卦義的方式看來，也與〈彖〉、〈象〉相類，並不專主一例：譬如《同人》、《賁》、《无妄》、《恆》、《益》、《渙》、《節》諸卦，即兼主爻與二體為說；《觀》、《噬嗑》、《坎》諸卦，即兼卦名與主爻為說；《夬》、《剝》兩卦，即兼主爻、二體與陰陽消長為說。但不論取義的方法為何，主要的目的還是為了掌握卦義，所以，碰到卦象，王弼便輕描淡寫，一筆帶過；而於卦時與卦義則諸多引申，力求透闢。特別是對「卦主」的強調，可以說是王弼最為獨到的創解。他與〈彖〉、〈象〉的不同，在於他更懂得運用「舉本統末」、「以一治多」的方法，使整部《易經》表現出一定的理序。而且，每在可以發揮義理的地方，常會發現「某卦之道為何」，或「處某之時，必當如何」之類的話，這都顯示他對各卦「本理」問題的重視。《周易略例》一再強調「卦以存時」（見〈明爻通變篇〉及〈明卦適變通爻篇〉），此其所謂「存時」者，即在依據〈彖傳〉以把握各卦的主爻與卦義，而這也正是「崇本」原則在詮釋「易卦」時的一種方法運用。

## 二、就作用上解易——論爻與爻之間的乘承比應等關係

　　按照王弼「崇本息末」的原則，他重視每一卦的卦主與時義

（本），卻也未嘗忽略爻變與時用（末）。因為他所主張的是「崇本舉末」，而不是一味地「崇本止末」；故於《易》所含具的「簡易」與「變易」之義，他是拿捏得很準的，而且時時注意到二者之間的本末體用關係。他說：「卦者，時也；爻者，適時之變也。」（〈明卦適變通爻篇〉）又說：「卦以存時，爻以示變。」（〈明爻通變篇〉）在他的認識裏，卦時表明了易簡之理；爻變則呈顯了易變之跡。若就「易簡」一義看，每一卦代表人事中的每一時，而每一時必可尋其本理與時義；若就「易變」一義看，呈顯在各卦裏的爻際往來，其實乃是每一時中的「適時之變」。如此，則卦時與爻變之間的形式關係，豈不正是一種具體而微的本末體用關係麼?!

　　在《周易略例》的〈明爻通變篇〉中，王弼曾替「爻」字下了這樣一個定義與說明：

　　　　夫爻者何? 言乎變者也；變者何? 情偽之所為也。夫情偽
　　　　之動，非數之所求也。……巧歷不能定其筭數，聖明不能
　　　　為之典要，法制所不能齊，度量所不能均也。為之乎豈在
　　　　乎大哉?

王弼認為使《易》神通廣大，應變萬方，甚至超出筭數、巧歷、聖明、法制、度量等所能測度的程度，完全是由「爻」的作用顯示出來。然而，爻的作用並非無跡可尋；因為它所以能夠成就易道的變化，乃在乎它的「情偽之動」。而所謂「情偽之動」，就如〈明爻通變篇〉所說：

> 合散屈伸，與體相乘。形躁好靜，質柔愛剛，體與情反，
> 質與願違。

這句話也就是指「陰陽質異相求」的作用。因為就爻而論，其奇者（—）稱陽，偶者（--）稱陰。陰陽兩者，體質本不相同：陽剛陰柔，陽躁陰靜，陽實陰虛——可以說各居於相反而又相對的兩端。驗諸人情事理，相反的往往相吸，相對的也往往相求；所以，體質的差異，反而造成情願的吸附力；陰與陽之間的變動，便在此中產生。故陰之所求者陽，陽之所求者陰，一陰一陽而無窮，也就成就了「變動不拘，周流六虛」的偉大能力。所以說：「近不必比，遠不必乖。同聲相應，高下不必均也；同氣相求，體質不必齊也。召雲者龍，命呂者律。故二女相違，而剛柔合體；隆墀永歎，遠壑必盈。投戈散地，則六親不能相保；同舟而濟，則胡越何患乎異心。故苟識其情，不憂乖遠；苟明其趣，不煩強武。能說諸心，能研諸慮，睽而知其類，異而知其通，其唯明爻者乎！」（〈明爻通變篇〉）只要明白質異相求的道理，對於陰爻與陽爻之間所常發生的「情偽相感，遠近相追，愛惡相攻，屈伸相推」的現象，也就不足為奇了。

　　基於這種理解，王弼注釋〈爻辭〉的方法與態度，顯然已經不像漢儒一般地根據象、數，再附會以曆、律、人事，以便推衍《易》道的神通廣大與爻變的妙用無邊；而是相當理性地根據陰陽質異相求的道理，想替爻變的複雜現象，尋出清晰的軌跡來。於是，在〈明卦適變通爻篇〉中，他便明舉了「六爻成變」的六種規律：

　　⑴應者，同志之象也。——故觀變動者存乎應。

⑵位者，爻之所處也。──故察安危者存乎位。

⑶乘承者，逆順之象也。──故辯逆順者存乎乘承。

⑷內外者，出處之象也。──故明出處者存乎外內。

⑸遠近者，險易之象也。⎫
⎬──遠近終始各存其會。
⑹初上者，終始之象也。⎭

此中，第⑵與第⑹條指出爻位的重要性；第⑴、⑶、⑷、⑸條，顯示爻與爻之間有相應、乘承、遠近、外內的種種關係，舉凡《易》爻之間的變動、趨合、出處、逆順、吉凶與安危等，即依此關係而定。這幾條規律，就是王弼注釋〈爻辭〉的主要根據。有關爻位的問題，後文另有說明。唯就爻與爻之間的乘承比應關係論，若詳閱王弼爻注中的條例，則上舉第⑴、⑶、⑷、⑸條，實可析就以下六項來看：㈠以應或无應察其動靜。㈡以同志觀其趨合。㈢以進退明其出處。㈣以乘承辨其逆順。㈤以據附論其憑係。㈥以比近言其相得與否。

## （一）以應或无應察其動靜

應或无應，是指上下體相對立之兩爻的關係。凡初四、二五、三上陰陽互異者，謂之「應」；反之，初四、二五、三上陰陽相同者，謂之「无應」。「應」亦可稱「與」，「无應」亦可稱「敵應」、「无與」、「未有與」或「不相與」等。像這樣，由上下相對應之兩爻的關係，用以觀察各爻的情志與變動，這本是〈彖〉、〈象〉傳例的一種。但〈彖〉、〈象〉言之甚簡，其明文指出應或无應的卦也不算很普遍；而至王弼的《周易注》，對於此一法則的應用，可說作了相當廣泛的推衍。大致說來，對於「應」的情形，王弼的注解方式是這樣的：

(1)如果〈爻辭〉是吉利的，王弼便以兩爻互應，有「協援任納」或「通志交感」之義釋之，如《需》上六、《訟》初六、《訟》六三、《師》九二、《小畜》初九、《泰》六五、《臨》初九、《臨》九二、《剝》六三、《復》六四、《頤》六四、《咸》九四、《晉》初六、《蹇》六二、《升》九二、《升》六五、《井》九三、《革》六二、《未濟》九二諸爻之注即是；但也有少數幾個例子是強調其「專心應一」、「執志不變」的，如《恆》六五、《睽》六三、《中孚》初九諸爻之注即是。

(2)如果〈爻辭〉出現了凶咎，王弼解釋的方法則不外以下幾種：一者因其所應在一，故用心褊狹，不能博施廣大，以成其利，如《屯》九五、《比》六二、《同人》六二、《觀》六二、《大過》九三、《大過》九四諸爻之注即是。二者因其所應為陰，猶如助長小人，故不能免於昏闇之災，如《夬》九三、《豐》九三兩爻之注即是。三則參以時義以釋之，如《鼎》九四、《小過》初六兩爻之注即是。

而於「无應」的情形，王弼的注解方式則與「應」的情形大抵相對：

(1)如果〈爻辭〉是凶咎的，王弼便重在強調「无有應援，則不可前行」一點上，如《師》六三、《師》六四、《蠱》六四、《頤》六二、《坎》初六、《離》九四、《睽》初九、《睽》九四、《蹇》六四、《姤》九五、《萃》上六、《鼎》九三、《震》六二、《震》六五、《漸》初六、《歸妹》上六諸爻之注皆是。

(2)如果〈爻辭〉出現无咎或貞吉的話，王弼釋其理，便偏重

於「應不在一，故心无私咎」這方面，如《比》初六、《同人》初九、《隨》初九、《大過》九二、《遯》上九、《困》九二、《鼎》上九諸爻之注即是。

## （二）以同志觀其趨合

《周易略例・明卦適變通爻篇》云：「夫應者，同志之象也。」相應固為兩爻同志之表現，然而同志未必僅指相應而言。只要兩爻或數爻可以和同相與，不論相應與否，比近與否，皆可稱為「同志」，亦可稱為「合志」、「得志」、「通其志」或「志在某爻」等。如《屯》䷂六二注云：「志在乎五」，此即六二與九五相應而可合志之例。如《大畜》䷙九三注云：「與上合志」，此即九三與上九雖无應亦可合志之例。如《泰》䷊初九注云：「三陽同志，俱志在外」，又《升》䷭初六注云：「處升之初，與九二、九三合志俱升」，此即合同數爻而稱同志之例。如《渙》䷺六四注云：「與五合志」，此即六四比近九五而言合志之例。如《小畜》䷈六四注云：「志與上合」，此則六四、上九兩爻既非對應亦非比近亦可合志之例。依此看來，「以同志觀其趨合」，實是一個富有相當彈性的爻變原則。王弼認為：凡兩爻或數爻可以合志相與者，通常應該可以共相禦難，利於所行才是。

## （三）以進退明其出處

王弼《周易注》中，常見「可以進」、「不可以進」、「進退皆可」，或「進退莫與」之文。察其所云之「進」、「退」，蓋與動靜、出處、居行、上下，或往來等大致無別。所謂進者，即指動而往其所適；退者，即指靜而自守其處。如《屯》䷂六三注云：「三既

近五，而無寇難：四雖比五，其志在初，不妨己路，可以進而无屯邅也。」是言「可以進」之例。如《否》䷋初六注云：「居否之時，動則入邪，不敢前進，三陰同道，皆不可進。」是言「不可以進」之例。如《明夷》䷣六二注云：「以柔居中，用夷其明，進不殊類，退不近難，不見疑憚，順以則也。故可用拯馬而壯，吉也。」是言「進退皆可」之例。如《歸妹》䷵上六注云：「處卦之窮，仰无所承，下又无應，……進退莫與，故曰无攸利也。」是言「進退莫與」之例。大抵看來，王弼之論爻之進退出處，均與時之通塞有關：時通則可以進而往其所適，時塞則不可以進而合其所志。而所謂通塞，又看爻位之當否、卦時之安危、近爻之暢阻，或所適之納拒等而定。《周易略例・明卦適變通爻篇》云：「舉時以觀動靜。」又云：「動靜有適，不可過也。」今由〈爻辭〉注之「進退往來」等語，不僅可以觀察爻與爻之間的出處動靜，也可以了解卦時通塞與爻變往來的關係。

## （四）以乘承辨其逆順

就一爻所比鄰的上下關係而言：凡爻之在上者，於下為乘；爻之在下者，於上為承。王弼用乘承解釋爻義，其例以「柔乘剛」和「柔承剛」者最多；「剛乘柔」和「剛承柔」者居次；「剛乘剛」、「剛承剛」和「柔承柔」者最少；至於「柔乘柔」則未見其例；而用「非所乘」或「无所承」釋之者，例亦不多。〈明卦適變通爻篇〉云：「辯逆順者，存乎承乘。」通常，以柔乘剛之爻，因陰在陽上，於德不謙，且剛居柔下，亦使此柔不易制下或下往，故其〈爻辭〉多屬凶咎危厲。例如《噬嗑》䷔與《震》䷲之六二爻，《履》䷉、《解》䷧與《節》䷻之六三爻，《小畜》䷈與《巽》䷸

之六四爻，《噬嗑》☲、《離》☲與《大壯》☳之六五爻，《困》☱之上六爻等，王弼注文即從「以柔乘剛為逆」處發揮。至若以柔承剛或以剛乘柔之爻，則因陽居陰上，陰柔陽剛各合其性，故其〈爻辭〉多屬吉利无咎。例如《姤》☰之初六爻，《豫》☳與《萃》☱之六三爻，《損》☶之六三、六四、六五爻，《巽》☴與《中孚》☴之六四爻，《旅》☲之六五爻，《无妄》☰之九四爻，《損》☶與《大有》☲之上九爻等，王弼注文即就「柔處剛下為順」處發揮。他如剛承柔、剛乘剛、剛承剛、柔承柔之例，則王弼僅偶有所言，注文又多攙以時義為說，故不易斷其吉凶之由。但大體言之，乘剛為逆，承陽為順，若指為王弼注釋〈爻辭〉所慣用的方法之一，殆無可疑。

## （五）以據附論其憑係

據附與乘承一樣，同是就一爻所比鄰的上下關係而言；但乘承重在辨其逆順，據附重在明其憑係。凡占有下爻以為憑據者，謂之據；凡順從近爻而依係之者，謂之附，附又可稱為牽或係。如《隨》☳與《姤》☰之第二爻，王弼皆云其「據初」（可占有初爻）；《晉》☲與《萃》☱之第四爻，王弼皆云其「下據三陰」（可占有初六、六二、六三三個陰爻）。可見「下據」的通則有二：⑴凡云據者，皆指上爻占有其下之一爻或數爻以為憑據之謂，故〈明卦適變通爻篇〉云：「弱而不懼於敵者，得所據也。」⑵必須陰陽互異，始可為據。若上下爻陰陽相同，或下爻陽剛過甚，則非可為據。故弼《注》中亦見「非所據」之例，如《困》☱之六三注云：「二非所據」，《夬》☱之九四注云：「下剛而進，非己所據」即是。

　　至於爻與爻之間的依存關係，如果不是像「據」一般地具主動攻占力的話，王弼則稱之為「附」、「牽」或「係」。如《賁》䷕之六二注云：「以附於上」，《解》䷧之六三注云：「以附於四」，《復》䷗之六二注云：「在初之上，而附順之」，《遯》䷠之九三注云：「在內近二，以陽附陰」，《隨》䷐之六三注云：「舍初係四」，《夬》䷪之九四注云：「若牽於五，則可得悔亡也。」據此可見：不論上附或下附，亦不論以陰附陽或以陽附陰，凡能附順於比鄰之上爻或下爻者，皆可稱「附」、「牽」、「係」；而且能得所附係，通常皆可轉危為安，轉憂為喜，故〈明卦適變通爻篇〉云：「憂而不懼於亂者，得所附也。」

## （六）以比近言其相得與否

　　如前所述，「乘承」與「據附」皆就比近之爻為說，承乘有奉上或駕下之義，據附有占下或附比之義，其別甚明。唯王弼《周易注》中，也有未言承乘據附，僅就一爻之所比，而明其所處之形勢者。因為王弼認為一爻之安危，常與比連之爻休戚相關，故指其所比，言其相得與否，以明其關係，往往易於理解該爻之吉凶。其言「近而相得」者，如《賁》之六二、《坎》之九二、《渙》之九二等，皆因該爻與鄰近之上爻或下爻相得而有吉；但如《漸》之九三、《旅》之九三、《兌》之九五等，卻因該爻與鄰近之上爻或下爻相得而有凶；可見「近而相得」者，實未必吉，亦未必凶，其吉凶禍福須視個別之關係情況而定。至於「近而不相得」者，則〈爻辭〉皆凶，如《屯》之六二與上六、《需》之六四、《訟》之六三、《比》之六三、《睽》之六三與九四、《既濟》之六二與六四等皆是。因為凡言「近而不相得」者，乃指所比之爻不友善而

言；近鄰既不友善，若不知心存戒懼而迴避之，則見侵害，乃勢所必然。

　　總結上文所述六大條例，就是王弼解釋爻變的主要規則。在這六大條例之中，又以「相應」與「比近」作為基礎：譬如「合志」與「進退」，便與「應或无應」的問題有關；而「乘承」和「據附」，更是專就比近為言。欲明爻與爻之間的關係，準此即可見其一斑。說來王弼實在是一位聰明絕頂的人：一部《易經》，包羅萬象，爻與爻的變化，又如此複雜，漢代三百年間許許多多的學者，投身其中，卻在象數易的圈子裏消失了蹤影；王弼年少初成，卻能根據〈彖〉、〈象〉傳的提示，找出幾個簡明的規則，把《易經》說得頭頭是道，不再從卦象符號與神秘數字上去附會引申，而專就爻與爻之間的乘承比應等關係去進行分析，把卦爻之中的紛繁現象理出個本末頭緒，這真不是一樁簡單的事！

## 三、就時位以明易──論卦時、辨爻位

　　任何現象的存在，都離不開時間上和位置上的因素。《易經》上的每一卦，既然代表著天地間每一類的現象，自然特別重視「時」與「位」的作用。〈彖〉、〈象〉之釋卦義，所最貴者即是「時」，故於《豫》、《隨》、《頤》、《大過》、《坎》、《遯》、《睽》、《蹇》、《解》、《姤》、《革》、《旅》諸卦，皆有讚美「時義」的話；而於各爻所處的爻位，〈小象〉也常有「當位」、「不當位」的分別語。王弼以〈十翼〉解經，對於〈彖〉、〈象〉所最注重的時、位問題，當然不會輕易放過。在他的《周易注》裏，強調「時」與「位」的地方，簡直不勝枚舉。基本上，他認為「時」可以決定卦義，並影響爻變；而「位」（就爻與爻的上下比近言），則關係到爻際的往

來形勢。因此，論到爻際的變動，與夫變動的吉凶，「陰陽質異相求」固為主觀因素，而「時」與「位」亦為不可或缺的客觀因素。此在上文已略言及，今則擬就〈明卦適變通爻篇〉與〈辯位篇〉所提示的，再行補充說明，以見王弼對於「卦時」與「爻位」問題的重視：

## （一）論卦時

王弼認為：《易經》的六十四卦，每一卦有每一卦在時間上的特別性，譬如：「《比》《復》好先，《乾》《壯》惡首，《明夷》惡暗，《豐》尚光大。」（〈明卦適變通爻篇〉）時義皆各不相同。因著時義的不同，六爻的變動也就必須配合卦時的作用。所以說：「夫時有否泰，故用有行藏；卦有小大，故辭有險易。……故名其卦，則吉凶從其類；存其時，則動靜應其用。尋名以觀吉凶，舉時以觀動靜，則一體之變，由斯見矣。」（〈明卦適變通爻篇〉）既然動靜行藏必須因時而定，如果犯了時忌，不論罪過大小，失適遇悔，乃是理所當然。因此王弼才這樣說：「吉凶有時，不可犯也；動靜有適，不可過也。犯時之忌，罪不在大；失其所適，過不在深。」（〈明卦適變通爻篇〉）

在他的《周易注》裏，以卦時的吉凶否泰，來說明爻的進退屈伸者，是屢見不鮮的。例如《蒙》䷃之六三注云：「童蒙之時，陰求於陽，晦求於明，各求發其昧者也。」《需》䷄之初九注云：「居需之時，最遠於難，能抑其進，以遠險待時，雖不應幾，可以保常也。」《豫》䷏之六三注云：「處豫之時，得位履中，安夫貞正，不求苟豫者也。」凡此皆是。尤其，對於一些不合乎承、乘、比、應等爻變規律的例外，每卦的「時義」更成為詮釋〈卦、爻

辭〉的第一原則了。故〈略例下篇〉即嘗肯切地指明:「然時有險
易,卦有小大,同救以相親,同辟以相疏,故或有違斯例者也,
然存時以考之,義可得也。」這點不僅可以作為上一小節所提示的
「爻變六規律」的補充,更可看出王弼主張「崇本舉末」、反對「捨
本逐末」的基本觀念。

## (二)辨爻位

王弼對「位」的看法,可以分兩方面來說:

第一,從整體的意義上看,他認為:「爻之所處,則謂之位,
卦以六爻為成,則不得不謂之六位時成也。」(〈辯位篇〉)因此每
一卦都有六個位,且各自形成一個始末單元。

第二,從個別的價值上看,他認為「位」是「列貴賤之地,
待才用之宅」(〈辯位篇〉),所以,從初爻到上爻每一個位,便象
徵著尊卑、貴賤、先後、終始的不同意義。

這兩方面,他特別重視後一方面。他認為:「初上是事之終始,
無陰陽定位。」要論位分,必須「去初上而論」,則「三、五各在
一卦之上,亦何得不謂之陽位;二、四各在一卦之下,亦何得不
謂之陰位。」(〈辯位篇〉)這麼一來,不僅爻有陰陽之分,位也有
陰陽之別了。所以,「爻」的陰陽與「位」的陰陽相配,便會發生
「當位」、「不當位」,或「得位」、「失位」的問題;於是,每一爻
的吉凶順逆,也就很容易從這裏得到解釋。王弼的《周易注》,在
析論爻與爻之間的乘承比應關係之前,幾乎都先辨明爻位的上下
終始與得失當否,就是這個緣故。

⑴就爻位的上下終始來說,〈彖〉、〈象〉傳不過以初爻稱下、
卑、本、始、窮,以上爻稱上、亢、終、末、窮,以二、五爻稱

中，並以五爻為尊位、天位或帝位而已❷。王弼遂據此而作有系統的廣泛應用：故以初爻稱初，則上爻稱極；初爻稱始，則上爻稱終；初爻稱下，則上爻稱上；初爻稱底，則上爻稱窮；初爻稱先，則上爻稱後。照他看，由初至上，即為一「終始」。此外又以二、五稱中，尤其是第五爻，在一卦之中，乃為最尊之位，故奉之為盛、為貴、為天，甚或以之為主爻。至於三、四兩爻，在上下兩卦之間，處於不上不下之位，故常云其「處……之中」或「處……之際」。──這種見解大率與經文相合，也不違背〈彖〉、〈象〉傳釋爻位之例，更是深合〈繫辭下傳〉所謂「《易》之為書也，原始要終，以為質也」之義，頗能掌握六爻的「本末輕重」或「先後終始」的觀念。唯一不同的，就是王弼以三、五兩爻稱陽位，以二、四兩爻稱陰位或柔位，以初、上兩爻為事之終始而云「无陰陽定位」，這點則是王弼《易》較〈十翼〉更為跨前一步的見解。

　　⑵就爻位的得失當否來說，〈彖〉、〈象〉傳雖常以「當位」、「不當位」，或「得位」、「失位」之語解說經義，卻未嘗詳述其理由。而至王弼，則特就「爻位之陰陽」與「爻德之陰陽」兩相配合的情形為說。凡以陽爻（─）處於陽位（三、五之位）者，則強調其守實、剛嚴、損於謙巽、任其勇壯之義；凡以陰爻（--）處於陰位（二、四之位）者，則強調其柔弱、知順、韜光隱晦、不先不為之義；凡以陰爻（--）處於陽位（三、五之位）者，則強調其志武、過壯、違節、甚或不安己分之意；凡以陽爻（─）處於陰位（二、四之位）者，則強調其卑巽、尚謙、隱曖、甚或不能有所作為之義。所以說，陽（─）宜居陽（三、五之位），陰（--）宜居陰（二、四之位）。凡以陽處陽，或陰處陰者，爻義原

---

❷　參屈萬里《先秦漢魏易例述評》上卷，一二～二六頁。

多貞吉之意，王弼乃承〈彖〉、〈象〉傳的「當位」、「得位」、「正位」、「位正當」等語為注，而申論其得當之由。至於以陽處陰，或以陰處陽者，爻義本多悔咎之意，王弼則順〈彖〉、〈象〉傳的「不當位」、「位不當」、「失位」、「非其位」、「未得位」等語為注，而辨述其失當之故。

(3)就初上无位來說，《周易略例・辯位篇》云：「案〈象〉無初上得位失位之文；又〈繫辭〉但論三五、二四同功異位，亦不及初上，何乎？唯《乾》上九文言云『貴而无位』，《需》上六云『雖不當位』。若以上為陰位邪？則《需》上六不得云不當也。若以上為陽位邪？則《乾》上九不得云貴而无位也。陰陽處之，皆云非位。而初亦不說當位失位也。然則初上者，是事之終始，无陰陽定位也。故《乾》初謂之潛，過五謂之无位；未有處其位而云潛，上有位而云无者也。歷觀眾卦，盡亦如之。初上无陰陽定位，亦以明矣。」這段話是根據〈大象傳〉、〈繫辭傳〉、《乾》上九〈文言傳〉與《需》上六〈小象傳〉而推論的。乍看之下，可謂持之有故，言之成理，意義也很深遠；但稍細加考察，實在也有值得懷疑的地方。程頤（伊川）(1033～1107)與朱熹(1130～1200)的見解便與王弼頗有出入，《朱子語類》第六十七卷載：「問：王弼說初上無陰陽定位如何？曰：伊川說陰陽奇偶豈容無也?!《乾》上九貴而無位，《需》上六不當位，乃爵位之位，非陰陽之位。此說極好。」顧炎武的《日知錄》也採取程朱的看法❸，都一致覺得王弼的「初上无陰陽定位」論，似乎還說得不夠切要，所以他們便將《乾》上九與《需》上六的「位」字解作「爵位」的位。——這種解釋的確是比王弼更為圓通，但根本上還是沒有否決王弼的

❸ 顧炎武《日知錄》第一卷，〈六爻言位條〉，第六頁。

看法。先師屈翼鵬先生則就校勘學的方法提出懷疑的證據說:「案《既濟》六爻皆得位,〈彖傳〉曰『剛柔正而位當也』。《未濟》六爻皆失位,〈彖傳〉曰『雖不當位,剛柔應也』。則是初以陽為當位,上以陰為當位,非無陰陽定位也。至《需》上六〈象傳〉『雖不當位』之語,乃衍一『位』字。《乾·文言傳》『貴而无位』,正謂以陽居上為不當位,非謂無陰陽之位也。」**⓮**這話對於王弼的說法誠是一大駁斥! 然而,由於〈彖〉、〈象〉、〈文言〉傳言初上得失當否的例子實在太少,除《乾》、《需》之上爻外,《既濟》與《未濟》之〈象傳〉云「當位」與「不當位」者,也沒有明顯暗示一定包含初上兩爻在內。因此,王弼的見解還是可以聊備一說的。他用「无位」的觀念來注解初上兩爻的例子,有《需》上六、《大有》上九、《蠱》上九、《噬嗑》初九、《觀》上九、《賁》初九、《頤》上九、《晉》初六、《漸》初六、《漸》上九、《豐》上六諸爻。於此,顯然對初六或初九,上六或上九,王弼都以「无位」釋之;間或稱為「不在於位」、「不累於位」、「未至履位」、「未得其位」、「不履於位」等,義亦相同。今若不論其說是否忠於《易經》本義,特以王弼偏言及此,想必與他素所採信的《老子》哲學大有關聯吧! 由於《老子》強調「事之終始皆本於無形無名之道」,而在王弼眼裏,《易》卦中的初上兩爻正象徵著「事之終始」,

---

**⓮** 屈萬里《先秦漢魏易例述評》上卷,二八~二九頁。對《需》上六〈象傳〉衍一「位」字,屈先生云:「按〈彖〉、〈象〉傳言當位不當位,其例至顯。獨《需》上六,本為當位,而〈象傳〉乃有『雖不當位』之言,大悖厥例。疑『位』字為羨文。蓋經言『有不速之客三人來,敬之終吉』,不速之客,本不當敬,故〈象傳〉釋之曰:『不速之客來,敬之終吉。雖不當,未大失也。』不當,謂敬之不當。若著位字,則費解矣。」

因此便引發起他主張「初上无位」說的想法。

　　綜歸本節三大段落所作的分析，不難看出「崇本息末」原則
在解《易》方法上的應用：王弼「由末溯本」到「以本統末」的
方法脈絡，在其《周易注》中，是表現得相當明白的。對於六爻
成變的作用，顯然王弼所關注的，不是「變」的表面跡象或人事
運用，而是「變之所據」的基本規律。因此，他除了堅信「變中
有常」、「亂中有序」外，便著實地為爻變的跡象歸納出乘承比應
等規律；而後又在這些規律的背後，追溯出更基本的因素──如
爻德之陰陽、爻位之上下、一卦之時義等。尤其，一卦之時義，
更可說是判定爻變吉凶與全卦卦義的第一憑據。像這樣，依據「由
末溯本」所得的本理與規律，進行〈卦、爻辭〉的分析與解釋，
自然整部《易經》便顯出他的本末系統了。據此，王弼不僅能就
本理上看《易》，也能就作用上解《易》，並不忘「時」、「位」與
爻變吉凶的關係。縱觀其〈卦、爻辭〉注，便可發現他的解《易》
步驟乃是井然有序的：

　　⑴就〈卦辭〉注看，王弼概依〈彖傳〉的啟示，著重每一卦
　　　的主爻與卦義，以便掌握各卦的「卦時」。

　　⑵就〈爻辭〉注看，他的注解方式與程序大體如下：

　　　第一步：他必先辨明各爻位置的初中上，以明其所代表之
　　　　　　　事的始中終。

　　　第二步：他乃以爻位的初、上、陰、陽，配合爻德的陰、
　　　　　　　陽，以辨其位之得失當否。

　　　第三步：他再利用爻變的乘、承、比、應等規律，說明爻
　　　　　　　與爻之間的變動關係。

　　　第四步：在不違各卦「卦時」的原則下，有時略為陳述儒

門〈十翼〉義理的主張，有時則添附道家柔弱虛靜的玄學，企圖把「自然」與「名教」的矛盾融通起來，以便充實注文的思想義涵。

這幾個步驟，運用起來，恰如抽絲剝繭般，有本有末，有條不紊。在〈十翼〉解經之後，能如此規則化、系統化、玄理化地詮解《易經》者，王弼可說開先第一人；而這也正是王弼所以能夠掙脫數術執迷，達到得意忘象的工夫表現！

# 第三節　「崇本息末」原則在易學思想上的發揮

　　王弼解《易》，形式結構上，可稱步驟井然；思想體系上，對本末體用的問題，也有獨到的見地。我們可以說：他的「崇本息末」原則，不僅運用於把握《易經》的外在特性；更運用於彰顯《易經》的內在義涵。誠如本書第二章第二節與第三章第三節所說：王弼的思想支柱，乃在「體無」與「用有」兩大端，他便是以此兩大端為基礎而建立義理的新《易》學。所謂「體無」，是指以道家的自然哲學為體；「用有」，是指以儒家的名教主張為用。一方面，他固然以〈十翼〉解經，用〈彖〉、〈象〉傳的儒門思想來補述卦爻辭義的不足；另一方面，只要經文可以牽附《老》旨的地方，他也一點都不放過：這正表明他有意調和儒道的作風。所以在《易注》裏，我們常會發現一些道德性的格言，或哲學性的玄思，仔細分析，不是本諸儒，就是取乎道。儒家的政治、倫理見解，跟道家對形上世界的認識，他總想挖空心思，把兩者兼容並蓄。而在兼容之際，若依思想的深層結構分析，王弼乃是主

張「有本於無」、「名教出於自然」的。換言之，他是以「道」為本，以「儒」為用，採「崇本舉末」的原則把兩者統合融通起來。這種努力的痕跡，點點滴滴地留散在整部《周易注》的每個角落。下文即擬就「以傳解經──不廢名教」與「援老入易──崇本貴無」兩大項，舉證說明王弼《易》學思想的內涵與特質。

## 一、以傳解經──不廢名教

王弼注《周易》，所本的是費直「以〈彖〉、〈象〉、〈繫辭〉、〈文言〉解經」的古文《易》，陳澧 (1810～1882) 和皮錫瑞 (1850～1908) 都相當讚賞他「以傳解經」的功勞 ❶。皮錫瑞在《經學通論》中說：

> 王弼盡掃象數，而獨標卦爻承應之義，蓋本費氏以〈彖〉、〈象〉、〈繫辭〉、〈文言〉解經。後儒多議其空疏，陳澧獨取之曰：乾元亨利貞，初九潛龍勿用，王輔嗣注云：「〈文言〉備矣」；九二見龍在田，注云：「出潛離隱故曰見龍，處於地上故曰在田」，此真費氏家法也。元亨利貞之義，〈文言〉已備，故輔嗣不復為注。至見龍在田，〈象〉曰「德施普也」，〈文言〉曰「龍德而正中者也」，又曰「時舍也」，皆未釋「見」字、「田」字，故皆為之注。而又不可以意而說也，〈文言〉曰「潛之為言也，隱而未見」，則見為出潛矣；潛為隱，則見為離隱矣；故輔嗣云「出潛離隱」，據彼

---

❶ 陳澧之說，見《東塾讀書記》第四卷，七頁下～八頁上。皮錫瑞之說，見《經學通論》「論費氏易傳於馬鄭荀王，而其說不同；王弼以十篇說經，頗得費氏之旨」條，二三～二四頁。

以解此也。〈繫辭傳〉曰「兼三才而兩之」，故《易》六畫
而成卦；是五與上為天，三與四為人，初與二為地；初為
地下，二為地上；故輔嗣云：「處於地上也」。此真十篇解
說經文者，若全經之法皆如是，則誠獨冠古今矣！（同⓯）

類似《乾卦》以〈十翼〉解經的例子，實在太多了。譬如：①《同
人》九五注云：「〈象〉曰：柔得位居中而應乎《乾》，曰《同人》。」
即直採〈象傳〉以注〈爻辭〉。②《剝》初六注云：「《剝》床之足，
滅下道也。」即是〈小象傳〉「《剝》床以足，以滅下也」的翻版。
③《萃卦・象》注：「方以類聚，物以群分」二句，引了〈繫辭上
傳〉的話；《大有》上九注更直云「〈繫辭〉具焉」；《周易略例》
取義於〈繫辭傳〉的，更是不乏其例。④《謙》上六注：「飲食必
有訟，訟必有眾起。」即〈序卦傳〉「訟後有師」之意。⑤《夬・
卦辭》注：「《夬》與《剝》反者也」，焦循說：「王氏以旁通為反，
本〈雜卦傳〉否泰反其類之反。」⓰⑥《益》六二注：「帝者生物
之主，興益之宗，出《震》而齊《巽》者也。」即本於〈說卦傳〉
「萬物出乎《震》，齊乎《巽》」一句；《坤・卦辭》注：「西南，
致養之地也，與《坤》同道者也。」《隨》上六〈象〉注：「《兌》
西方山者。」《蹇・卦辭》注：「西南，《地》也；東北，《山》也。」
（案：此以《坤》為地，《艮》為山）《解・卦辭》注：「西南，眾
也。」《困》九二注：「《坎》，北方之卦也。」這些都是根據〈說卦
傳〉述八卦方位而來⓱；至於《小畜》九三注：「上（《巽》）為陰

⓰　焦循《周易補疏》，見《皇清經解》第一一四八卷。
⓱　《周易・說卦傳》云：「萬物出乎《震》；《震》，東方也。齊乎《巽》，
　　《巽》，東南也。……《離》也者，明也，萬物皆相見，東方之卦也。

長」，《歸妹‧卦辭》注：「《兌》為少陰，《震》為長陽。」也都可以從〈說卦傳〉找到證明。

依此看來，〈十翼〉裏的〈彖〉、〈象〉、〈繫辭〉、〈文言〉、〈說卦〉、〈序卦〉和〈雜卦〉，幾乎無一不跟王弼的《周易注》發生關係。其中，採用得最多的是〈彖傳〉、〈象傳〉和〈文言傳〉。至於〈繫辭〉裏的占筮思想，以及〈說卦〉以下三篇對卦象的附會，則是王弼瞧不上眼的。凡他明引或暗用過的傳文，除了八卦方位和少陰少陽的說法，很容易被認為沒有完全脫離象數的遺習，餘者大抵不違〈十翼〉的儒門義理。下文且分「倫理思想」和「政治思想」兩方面先作敘述，以觀王弼「以傳解經──不廢名教」的易學內涵。

## （一）以〈十翼〉的倫理思想解經者

〈繫辭上傳〉說：「天生神物，聖人則之；天地變化，聖人效之；天垂象見吉凶，聖人象之。」〈易傳〉的主要思想，在推天理以明人事，故於處世接物之理多所發揮。譬如：進德修業、遷善改過、著信立誠、存公忘私、敬慎防患、樂天待時、尚義斥利、主正反邪、執兩用中，以及親仁善鄰的思想，均是〈十翼〉義理的基本主張。對於儒家的這些倫理思想，王弼不僅未加排擠，且援以為注者更是所在皆有，此從以下引文就可得悉。

(1)進德修業：

> ……《坤》也者，地也，萬物皆致養焉，故曰致役乎《坤》。《兌》，正秋也，萬物之所說也，故曰說言乎《兌》。戰乎《乾》，《乾》西北之卦也。……《坎》者，水也，正北方之卦也。……《艮》者，東北之卦也。」此明申五行配八卦方位之義，王弼《注》取之。

䷑《蠱》　〈象〉注:「進德修業,往則亨矣。」

䷦《蹇》　〈象〉注:「除難莫若反身脩德。」

䷮《困》　〈象〉注:「處困而屈其志者小人也;君子固窮,
道可忘乎?」

䷾《既濟》　九五注:「祭祀之盛,莫盛脩德。故沼沚之毛、
蘋蘩之菜,可羞於鬼神。故黍稷非馨,明德惟馨,是
以東鄰殺牛,不如西鄰之禴祭,實受其福也。」

這四卦都強調「進德脩業」的重要,《蠱卦》乃據〈象傳〉「君
子以振民育德」引申;《蹇卦》則直錄〈象傳〉「反身脩德」之文;
《困卦》與〈象傳〉「君子以致命遂志」大同小異;《既濟卦》,據
孔氏《正義》云:「沼沚之毛、蘋蘩之菜,可羞於鬼神者,並略《左
傳》之文也。」蓋由九五〈爻辭〉,參證《左傳》之例,而添上道
德性的語辭。

(2)遷善改過:

䷔《噬嗑》　初九注:「過而不改,乃謂之過。」

䷩《益》　〈象〉注:「遷善改過,益莫大焉。」

《噬嗑》此注為王弼所自添,而與《論語·衛靈公篇》:「過
而不改,是謂過矣」相合。《益卦》此注,則據〈象傳〉:「君子以
見善則遷,有過則改」而來。

(3)著信立誠:

䷇《比》　初六注:「著信立誠,盈溢乎質素之器,則物終來,

而无衰竭也。」

☷《隨》 九四注:「心存公誠,著信在道,以明其功,何咎
之有?」

☱《中孚》 九二注:「立誠篤至,雖在闇昧,物亦應焉,……
不私權利,唯德是與,誠之至矣!」

以上三卦的經文或傳文,都出現「孚」字。《比卦》的初六〈爻
辭〉為:「有孚盈缶,終來,有它吉。」《隨卦》的九四〈爻辭〉為:
「有孚在道,以明,何咎?」《中孚卦》的〈彖辭〉為:「《中孚》,
柔在內而剛得中。」王弼把「孚」字解釋成「誠」和「信」,可謂
不失孔門義理的精神。

⑷存公忘私:

☰《乾》 九四注:「用心存公,進不在私。」

☷《泰》 九二注:「用心弘大,……无私无偏,存乎光大,
故曰朋亡也,如此乃可以得尚于中行。」

☱《同人》 六二注:「用心偏狹,鄙吝之道。」

☲《大有》 六五注:「不私於物,物亦公焉。」

☵《井》 上六注:「不擅其長,不私其利,則物歸之,往无
窮矣!」

「存公忘私,則物歸之」,此義在討論爻際的「應」或「无應」
時,屢屢言及。譬如《比》初六、《隨》初九、《大過》九二、《遯》
上九、《困》九二、《鼎》上九諸爻之注,即強調其「應不在一,
故心无私吝。」

(5)敬慎防患：

    ☷《坤》　六四注：「无含章之美，括結否閉，賢人乃隱，施
        慎則可，非泰之道。」

    ☵《需》　九三注：「招寇而致敵也。……敬慎防備，可以不
        敗。」

    ☶《否》　九五注：「處君子道消之時，……故心存將危，乃
        得固也。」

    ☴《觀》　上九注：「處天下所觀之地，可不慎乎？」

    ☱《萃》　〈象〉注：「聚而无防，則眾生心。」

    ☲《未濟》　上九注：「苟不憂於事之廢，而耽於樂之甚，則
        至于失節矣！」

上舉六例，《坤卦》本乎〈文言傳〉：「天地否閉賢人隱，《易》
曰括囊无咎无譽，蓋言謹也。」《需卦》本乎九三〈象傳〉：「自我
致寇，敬慎不敗也。」《萃卦》由〈象傳〉：「君子以除戎器，戒不
虞」引申。《否卦》也不違背〈爻辭〉：「其亡，其亡」的本義。《觀》
與《未濟》兩注，雖為王弼所自添，但亦不脫儒家的「敬慎」之
道。

(6)樂天待時：

    ☵《屯》　六二注：「屯難之世，勢不過十年者也。」
    ☱《困》　初六注：「困之為道，不過數歲者也。」

這裏所表現的，完全是中國人樂天待時的思想，也深合〈易

傳〉所謂剝而復反、否極泰來的真諦。

(7)尚義斥利：

　　☰《乾》　九三〈文言〉注：「進物之速者，義不若利；存物
　　　　　之終者，利不及義。」
　　☶《頤》　初九注：「守道則福至，求剝則辱來。」
　　☷《明夷》　初九注：「尚義而行，故曰君子于行也。」
　　☶《蹇》　六二注：「履中行義，以存其上，處蹇以此，未見
　　　　　尤也。」
　　☵《井》　九五注：「不食不義，中正高絜，故井洌寒泉，然
　　　　　後乃食也。」
　　☶《漸》　九三注：「見利忘義，貪進忘舊，凶之道也。」

　　孔子說：「君子喻於義，小人喻於利。」(《論語・里仁》)尚義
斥利，向來就是儒家的一貫主張。以上幾卦，申明義利之辨，像
極了孔門儒者的格言。

(8)主正反邪：

　　☰《乾》　用九注：「以柔順而為不正，則佞邪之道也。」
　　☷《否》　初六注：「居否之時，動則入邪，……貞而不諂，
　　　　　則吉亨。」
　　☵《解》　九二注：「得乎理中之道，不失枉直之實，能全其
　　　　　正者也。」
　　☶《漸》　〈卦辭〉注：「進而用正，故利貞也。」

☰《巽》　九二注：「卑巽失正，則入于咎過矣。」

☱《兌》　六三注：「非正而求說，邪佞者也。」

主正反邪的道理，不用說，當然帶有儒家的思想色彩。王弼主張理中之道，認為柔順以不失正為度，以「正」字解「貞」都很切合〈十翼〉的義理。

(9)執兩用中：

☷《坤》　〈象〉注：「方而又剛，柔而又圓，求安難矣。」

☷《謙》　上六〈象〉注：「謙尊而光，卑不可踰。」

☷《豫》　六二注：「上交不諂，下交不瀆。」

☴《家人》　上九注：「凡物以猛為本者，則患在寡恩；以愛為本者，則患在寡威；故家人之道，尚威嚴也。」

☱《夬》　〈象〉注：「健而能說，決而能和，美之道也。」

☱《兌》　〈象〉注：「說而違剛，則諂；剛而違說，則暴。剛中而柔外，所以說以利貞也。」

以上所舉，不外強調剛柔並用、尊卑得當、上下有方、恩威兼施等。其中，《謙卦》直用〈象傳〉，《豫卦》本於〈繫辭下傳〉。其餘所表現的，也都是儒家的中庸之道。

(10)親仁善鄰：

☵《訟》　九四注：「為仁由己，故吉從之。」

☳《復》　六二注：「為仁行在初之上，而附順之，下仁之謂也。既處中位，親仁善鄰，復之休也。」

≣《家人》　九五注：「明於家道，則下莫不化矣！父父子子
　　　　　　兄兄弟弟夫夫婦婦，六親和睦，交相愛樂，而家道正。
　　　　　　正家而天下定矣！」上九注：「身得威敬，人亦如之；
　　　　　　反之於身，則知可以施之於人。」

　「為仁由己」，出自《論語・顏淵篇》。「父父子子兄兄弟弟夫
夫婦婦而家道正，正家而天下定矣」，出自《家人卦》的〈彖傳〉。
「親仁善鄰」、「反身施人」，就是《論語・雍也篇》所謂「為仁之
方」在於「能近取譬」的思想。

　　從上面所舉的來看，王弼不僅不反對儒家的倫理思想，反而
還相當接受儒家勸人為善的生活準則。除了這十點以外，對於〈易
傳〉的「時」、「中」觀念，王弼也很看重。據惠棟的研究：「孔子
作〈彖傳〉，言時者二十四卦，言中者三十五卦；〈象傳〉言時者
六卦，言中者三十六卦。其言時也，有所謂：時者、待時者、時
行者、時成者、時變者、時用者；時義、時發、時舍、時極者。
其言中，有所謂中正者、正中者、大中者、中道者、中行者、行
中者；剛中、柔中者。而《蒙》之〈彖〉，則又合時中而命之。」**⓲**
王弼稟承〈十翼〉的「時」、「中」觀念強調卦時與中爻之重要性
者，其例甚多。因本章上一節已陸續討論過，故此處從略，只舉
一二例為證如下：

≣《乾》　九三注：「居上不驕，在下不憂，因時而惕，不失
　　　　　　其幾，雖危而勞，可以无咎。」
≣《困》　〈彖〉注：「處困而言，不見信之時也。非行言之

---

**⓲**　語出惠棟「《易》尚時中說」。《皇清經解續編》三，第一五四卷，《易
　　漢學》七，第三頁。

時，而欲用言以免，必窮者也。」

▤ 《小過》　〈彖〉注：「過而得以利貞，應時宜也。」這就
　　　　　是時行則行、時止則止，因時制宜的思想。

## （二）以十翼的政治思想解經者

〈十翼〉的政治思想，一言以蔽之，就是孔孟的「仁政」與
「王道」思想的發揮。王弼以傳解經，不論有意或無意，採取了
儒家的政治觀點者，可分五點來說明：

⑴為政以德：

▤ 《乾》　九二注：「德施周普，居中不偏，雖非君位，君之
　　　　　德也。」

▤ 《屯》　初九注：「安民在正。」

▤ 《觀》　九五注：「上之化下，猶風之靡草。故觀民之俗，
　　　　　以察己道：百姓有罪，在予一人；君子風著，己乃无
　　　　　咎。上為觀主，將欲自觀，乃觀民也。」

▤ 《蹇》　〈卦辭〉注：「居難履正，正邦之道。」

▤ 《節》　九五注：「不失其中，不傷財、不害民之謂也。」

站在保民、愛民的立場以論政治，主張不傷財、不害民，這
是儒道兩家所共有的觀點。但是強調主政者須秉持中正、德施周
普，以求上行下化，則是儒家仁政思想的具體內涵。這裏所舉的
幾個例子，皆無悖於此一〈彖〉、〈象〉、〈文言〉傳中的基本要義；
《觀卦》更是巧妙地撮合了《論語・顏淵篇》和《堯曰篇》的主

張❶❾。

(2)小人勿用：

　　☷《師》　上六注：「開國承家，以寧邦也；小人勿用，非其
　　　　道也。」

　　☶《剝》　上九注：「君子居之，則為民覆蔭；小人用之，則
　　　　剝下所庇也。」

　　☴《漸》　初六注：「困於小子讒諛之言，未傷君子之義，故
　　　　曰无咎也。」

　　《師》上六〈象傳〉：「君子開國承家，小人勿用」；《剝》上
九〈象傳〉：「君子得輿，民所載也；小人剝廬，終不可用也」；《漸》
初六〈象傳〉：「小人之屬，義无咎也」；王弼標榜君子，拒斥小人
的見解，即由此出。

(3)斷訟在直：

　　☵《訟》　九五注：「用其中正，以斷枉直。中則不過，正則
　　　　不邪，剛无所溺，公无所偏，故訟元吉。」〈大象〉注：
　　　　「聽訟吾猶人也，必也使無訟乎！」

　　《訟卦》的義理，全為王弼所自添，而九五注不離「中正」

---

❶❾　《論語・顏淵篇》云：「君子之德風，小人之德草，草上之風必偃。」
　　〈堯曰篇〉云：「萬方有罪，罪在朕躬。……百姓有過，在予一人。」
　　《周易・觀・九五注》即撮合此二篇之主旨。見《四書集註》本，
　　第八三頁、第一三七頁。

之旨，〈大象〉注則直引了《論語・顏淵篇》的話。

(4)征討有常：

> ䷇《比》　九五注：「用其中正，征討有常。伐不加邑，動必
> 　　　討叛，邑人无虞，故不誡也。」
> ䷎《謙》　六五注：「以謙順而侵伐，所伐皆驕逆也。」

王弼反對窮兵黷武，由此可見。至於用兵之道，且看《師卦》
注：

> ䷆《師》　〈卦辭〉注：「興役動眾，无功則罪，故吉乃无咎
> 　　　也。」初六注：「齊師以律，失律則散，故師出以律，
> 　　　律不可失。失律而臧，何異於否？失令有功，法所不
> 　　　赦，故師出不以律，否臧皆凶。」

興役動眾，討伐驕逆，必須有功而回；軍隊出征，務必嚴守
紀律，聽取上級的命令。這就是王弼的軍事主張，大抵亦與〈十
翼〉的思想不相違背。

(5)法制應時：

> ䷱《鼎》　〈卦辭〉注：「革去故而鼎取新，取新而當，其人
> 　　　易故，而法制齊明。……革既變矣，則制器立法，以
> 　　　成之焉。變而无制，亂可待也。法制應時，然後乃吉；
> 　　　賢愚有別，尊卑有序，然後乃亨，故先元吉而後乃亨。」
> ䷪《夬》　〈象〉注：「法明斷嚴，不可以慢，故居德以明禁

也。」

　　☲《噬嗑》　初九注:「凡過之所始，必始於微，而後至於著；
　　　　　　　　罰之所始，必始於薄，而後至於誅。過輕戮薄，……
　　　　　　　　足懲而已，故不重也。過而不改，乃謂之過，小懲大
　　　　　　　　誡，乃得其福。」

　　王弼的法治思想，這三卦講得最為透闢。蓋在時局更變之秋，
首須立法。立法之要，必須法制嚴明、刑有輕重，這樣人民才會
心悅誠服，改過遷善，不敢犯禁，達到立法的目的。然而，法治
精神，最忌流於威刑恐嚇，所以下面幾卦王弼接著補充說:

　　☷《坤》　六五注:「垂黃裳以用元吉，非用武者也。」
　　☶《賁》　〈象〉注:「處賁之時，止物以文明，不可以威武，
　　　　　　　故君子以明庶政，而无敢折獄。」
　　☱《困》　九五注:「不能以謙致物，物則不附。忿物不附，
　　　　　　　而用其壯猛，行其威刑，異方愈乖，遐邇愈叛，刑之
　　　　　　　欲以得，乃益所以失也。」又注:「致物之功，不在於
　　　　　　　暴。」

法制亦須合乎時中，以自然謙和為本，不可過分；不然就會收到
反效果。

## 二、援老入易──崇本貴無

　　王弼之《易》，以傳解經，總算是費氏家法；不廢名教，也無
違於儒門義理。如果全經之注都能如此，他自配得成為儒理《易》
學派中的承先啟後者。無奈他的思想並非獨尊孔學，倒是《老子》

的玄思卻叫他忘懷不了。晁說之說：「以老氏有無論《易》者，自王弼始。」❷這話一點也不錯。雖然王弼一再地使用了道、德、仁、善、誠、信、中、正……等字眼，也口口聲聲地表明了著信立誠、存公忘私、親仁善鄰、為政以德、斷訟在直……的重要性；但一細究其道德語詞的真正義涵或名教主張的背後理據時，我們卻發現王弼對道德主體本身（即心性問題），根本沒有切入的把握，對〈十翼〉所倡言的「生生」、「剛健」之義，也沒有真正的理解。因此，凡是牽涉到個體性命之處，如《乾・彖》的「乾道變化，各正性命」，王弼注便一筆帶過，無法言之入諦❷；而如上文所舉諸例，他對儒家名節禮教的取信，老實說，也只不過是浮表的，並非本就心性主體的「仁」、「善」而發。也正因為他對儒家的性命哲學沒有徹上徹下的貫通，對《老子》的自然思想卻又心有獨鍾，故在儒道異同之辨爭論不休的當兒，當他面臨易學思想體系的建構時，便將「虛靜無為」的理念奠基於「名節禮教」的背後，認為老子之學正是孔子之學的形上部分，而孔子的「有」正是老子的「無」的形下表彰。他以為這樣，便可溝通儒道的矛盾、協調體用的分歧，完成宇宙有無之際的統一。於是在他標榜以傳解經、不廢名教的同時，也在許多關鍵性的地方，有意無意地攙進了崇本貴無的思想。此處先舉王弼詮釋「正」字的情形以作說明：

> ䷃《蒙》　〈卦辭〉注：「夫明莫若聖，昧莫若蒙，蒙以養正，乃聖功也。然則養正以明，失其道矣。」

---

❷　晁說之《嵩山文集》，《四部叢刊續編》第一二二冊，第一三卷，第二頁下。

❷　參牟宗三〈王弼玄理之易學〉、〈王弼乾象各正性命解〉二文，見《才性與玄理》，一〇三～一〇八頁。

䷒《臨》　六五注：「能納剛以禮，用健其正；不忌剛長，而能任之；委物以能，而不犯焉。則聰明者竭其視聽，知力者盡其謀能，不為而成，不行而至矣！大君之宜，如此而已。」

䷂《屯》　初九注：「夫息亂以靜，安靜以侯。安民在正，弘正在謙。……初處其首，而又下焉，爻義斯備，宜其得民也。」

　　以上三例，都涉及「正」的觀念問題。一言「蒙以養正」，二言「用健其正」，三言「安民在正」，前者關乎道德修養，後二者關乎禮教與政治。表面上，這些話皆不出〈十翼〉之外；實質上，當王弼進一步發明「所以為正」之道時，則早已逾越儒門的義理。譬如《蒙卦》注云「昧莫若蒙，……養正以明，失其道矣。」即是《老子》第二十章與第十五章所謂「儽儽兮」、「沌沌兮」、「昏昏」、「悶悶」、「微妙玄通，深不可識」的「明道若昧」式的修養。《臨卦》注云「不為而成，不行而至」，即是《老子》第四十七章「聖人不行而知，不見而名，不為而成」的政治理念。《屯卦》注云「息亂以靜」、「弘正在謙」、「處其首、居其下，而宜得民」者，即是《老子》「貴靜」、「尚謙」、「善下」的思想本質。

　　像這樣，一段注文中，前半是以傳解經，後半是援《老》入《易》。而於儒道思想的歧異處，王弼的調會方法便是：以道為本、為體，以儒為末、為用。比如以上三例，王弼固然主張「養正」、「用正」、「弘正」；但一論及更根本的問題，他便添進《老子》「無明」、「謙靜」、「因任」、「無為」的思想。凡此即可看出王弼不廢名教，而又祖尚玄虛的思維模式。在《周易注》裏，王弼如此附

會《老》旨的地方還很多；茲就戴師靜山〈王弼何晏的經學〉一文研究所得❷，稍作補充及分類，以見王弼援《老》入《易》的真實面目。

（一）攙附老子的人生與政治哲學者

⑴自然无為：

> ䷁《坤》　六二注：「任其自然而物自生，不假修營而功自成，故不習焉而无不利。」
>
> ䷂《蒙》　六五注：「不自任察，而委於二。任物以能，不勞聰明，功斯克矣！」
>
> 　　六五〈象〉注：「委物以能，不先不為，順以巽也。」
>
> ䷐《隨》　〈大象〉注：「物皆說隨，可以无為，不勞明鑑，故君子嚮晦入宴息也。」
>
> ䷓《觀》　〈彖〉注：「觀之為道，不以刑制使物，而以觀感化物者也。神則无形者也，不見天之使四時，而四時不忒；不見聖人使百姓，而百姓自服也。」
>
> ䷝《離》　九三注：「明在將終，若不委之於人，養志无為，則至于耄老，有嗟凶矣！」

「自然無為」是《老子》哲學最重要的一個觀念。注中所謂不假修營、不勞明鑑、養志无為、不見聖人使百姓而百姓自服等，即是道家「我無為而民自化」（《老子》第五十七章）的政治哲學。「無為而治」的理想，本是儒道法墨各家的共同目標；但或主張

❷　《梅園論學續集》，四九～六二頁。

人治、德治，或主張法治，或主張循名責實，或主張兼愛非攻，手段各不相同，而特別標舉「自然无為」、「不用私智」者，則是道家。王弼在這幾卦裏攙入《老》旨為說，確是歷歷可見。

(2)主靜反躁：

> ䷗《復》　〈大象〉注：「先王則天地而行者也，動復則靜、行復則止、事復則无事也。」
> ䷞《咸》　六二注：「感物以躁，凶之道也。」
> ䷟《恆》　上六注：「靜為躁君，安為動主。故安者，上之所處也；靜者，可久之道也。」
> ䷼《中孚》　〈象〉注：「柔在內，則靜而順。說而以順則乖爭不作，如此則物无競，敦實之行著，而篤信發乎其中矣！」

「靜」的反面是急躁、煩擾，所以主靜必反躁。《老子》第十六章說「守靜篤」，第二十六章說「靜為躁君」，都是這幾個爻注的根據。

(3)貴柔不爭：

> ䷅《訟》　六三注：「柔體不爭，繫應在上，眾莫能傾，故曰終吉。」
> ䷆《師》　六五注：「陰不先唱，柔不犯物，犯而後應，往必得直，故曰田有禽也。物先犯己，故可以執言而无咎也。」

≣《蠱》　〈彖〉注:「既巽又止，不競爭也。有事而无競爭
之患，故可以有為也。」

≣《大畜》　六五注:「柔能制健，禁暴抑盛。」

≣《頤》　初九注:「安身莫若不競，修己莫若自保。」

≣《姤》　上九注:「進而无過，獨恨而已，不與物爭，其道
不害，故无凶咎也。」

≣《萃》　初六注:「不能守道，以結至好，迷務競爭，故乃
亂乃萃也。……若安夫卑退，謙以自牧，則无恤而往
无咎也。」

≣《中孚》　六四注:「若夫居盛德之位，而與物校其競爭，
則失其所盛矣!」

上面所舉的《大畜》注，顯然用了《老子》第三十六章和第
七十八章「柔弱勝剛強」的道理，餘者也都本於老氏的「弱道」
哲學。尤其是《蠱》、《頤》、《姤》、《萃》、《中孚》諸卦，進而提
出「不競」的主張，純然是《老子》第八章「夫唯不爭故无尤」
的思想復現!

(4)處下不先:

≣《乾》　用九注:「夫以剛健而居人之首，則物所不與也。」

≣《坤》　六三注:「不為事始，須唱乃應，待命乃發。……
有事則從，不敢為首。……不為事主，順命而終，故
曰无成有終也。」

≣《訟》　初六注:「見犯乃訟，處訟之始，不為訟先。」

≣《損》　六五注:「以柔居尊，而為損道，江海處下，百谷

　　歸之，履尊以損，則或益之矣！」

　　這裏的「居下」之意，《坤》、《損》兩注從其卦名引申，《乾》、《訟》兩注就其爻位附會，實皆不違《老子》第六十六章之旨㉓。

(5)尚謙惡盈：

　　☰☱《履》　九二注：「履道尚謙，不喜處盈。」
　　　　　　　九五注：「履道惡盈。」
　　☱☵《困》　九二注：「以陽居陰，尚謙者也。……夫謙以待物，物之所歸。……盈而又進，傾之道也。」
　　　　　　　九四注：「以陽居陰，履謙之道，量力而處，不與二爭，雖不當位，物終與之，故曰有終也。」
　　☲☴《鼎》　九二注：「有實之物，不可復加益之，則溢反喪其實。」

　　尚謙、履謙、不益、惡盈，不待說也是《老子》的收斂哲學。

(6)素樸寡欲：

　　☰☱《履》　初九注：「履道惡華。」
　　☶☲《賁》　六五注：「用莫過泰，儉而能約；故必吝焉，乃得

──────────
㉓　《老子》第六十六章云：「江海所以能為百谷王者，以其善下之，故能為百谷王。是以聖人欲上人，必以言下之；欲先人必以身後之。是以聖人處上而人不重，處前而人不害，是以天下樂推而不厭。以其不爭，故天下莫與之爭。」《損卦》六五注取譬百川之於江海，即本此。其餘《乾》《坤》《訟》諸注，其「不先」之意，亦與此通。

終吉也。」

上九注：「處飾之終，飾終反素，故任其質素，不勞文飾，而无咎也。」

☶《艮》　〈卦辭〉注：「艮者，止而不相交通之卦也。各止而不相與，何得无咎？唯不相見乃可也。施止於背，不隔物欲，得其所止也。背者，无見之物也；无見則自然靜止，靜止而无見，則不獲其身矣！」

《老子》第十九章說：「見素抱樸，少私寡欲。」第三章說：「不見可欲，使民心不亂。」王弼於《履》、《賁》、《艮》三卦的注裏，所添入的「惡華」、「儉約」、「質素」、「不隔物欲，得其所止」❷❹等，正與《老子》的治身養心之道全然符合。

(7)不為物累：

☰《乾》　〈象〉注：「夫形也者，物之累也。」

☲《大有》　上九注：「處大有之上，而不累於位。……居豐有之世，而不以物累其心，高尚其志，尚賢者也。」

☶《蠱》　上九注：「最處事上，而不累於位，不事王侯，高尚其事。」

---

❷❹　「不隔物欲，得其所止也。」意即：不應當於物欲已生之後，再去制止，而應當在物欲未起之前就去抑止它。正如孔穎達《周易正義》所說：「背者，无見之物也，夫无見則自然靜止。夫欲防止之法，宜防其未兆，既兆而止，則傷物情。故施止於无見之所，則不隔物欲，得其所止也。若施止於面，則對面而不相通，強止其情，則奸邪並興而有凶咎。」此說可見樓宇烈《王弼集校釋》下冊，第四八二頁。

☰☰《遯》　上九注：「超然絕志，心无疑顧，憂患不能累，矰
　　　　繳不能及，是以肥遯无不利也。」

☰☰《夬》　九三注：「君子處之，必能棄夫情累。」

☰☰《漸》　上九注：「進處高潔，不累於位，无物可以屈其心
　　　　而亂其志，峨峨清遠，儀可貴也。」

上舉諸例，強調无累，而以上爻居多。如《乾卦》的這句「夫
形也者，物之累也」，即由《老子》「吾所以有大患者，為吾有身」
衍來。凡主張拋棄情物纏累的，可說是道家的基本論調；而王弼
的「初上无位」論，實際上乃是受到《老子》哲學相當的影響；
所以他不僅以「不累於位」解釋上爻，更進而強調賢聖君子的「應
物而無累」。

## （二）援用老子的本體思想者

⑴復其見天地之心：

☰☰《復》　〈彖〉注：「復者，反本之謂也。天地以本為心者
　　　　也。凡動息則靜，靜非對動者也；語息則默，默非對
　　　　語者也。然則天地雖大，富有萬物，雷動風行，渾化
　　　　萬變，寂然至无，是其本矣。故動息地中，乃天地之
　　　　心見也。若其以有為心，則異類未獲具存矣！」

這段注解，一望可知，是從《老子》第十六章：「致虛極，守
靜篤，萬物並作，吾以觀復。夫物芸芸，各復歸其根，歸根曰靜，
是謂復命」衍來的。我們可以分成四個小點來理解他的思想層次：

第一，此注以「反本」釋復，以所反之本為「天地之心」；又以此心為「寂然至无」之道體。

第二，此一「寂然至无」之道體，全由「動息則靜，語息則默」的靜默中顯現，故云「動息地中，乃天地之心見也。」

第三，雖然道體由靜默中顯現，但它絕不是死寂無用的「空無」，卻是一個生成萬物的「無限妙有」，萬物以之為心，亦因之而存。正因它一無所有，才能應有盡有、無所不有；反之則不然，所以說：「若其以有為心，則異類未獲具存矣！」這就是《老子》「無之以為用」的基本思想。

第四，這麼說來，有之於無，動之於靜，便非對立關係，而是體用關係了。王弼說「靜非對動」、「默非對語」者，就是這個意思。

綜上四點，可見王弼是以虛無、寂靜的道體作為宇宙萬物的根本。這一種本體思想的陳述，大體本自《老子》「靜為躁君」、「有生於無」的思維模式。故其《老子注》第十六章說：「以虛靜觀其反復。凡有起於虛、動起於靜，故萬物雖並動作，卒復歸於虛靜。」第三十八章注說：「天地雖廣，以無為心；聖王雖大，以虛為主。故曰以復而視，則天地之心見。」凡此俱與《易・復卦》之注聲氣相通。宋明理學家明辨儒道之異，對王弼此種援《老》入《易》之舉——抹煞〈易傳〉的「生生」之義，援進《老子》的「動靜」、「有無」觀念——甚表反對，如張載 (1020～1077) 即云：「大《易》不言有無；有無，諸子之陋也。」❷❺朱熹又繼之云：

❷❺　《正蒙・大易篇》第一四，見《張載集》，第四八頁。

「《易》不言有無,《老子》言有生於無,便不是。」❷❻

(2)大衍論:

　　本書第一章第四節提過:潁川人荀融曾經疑難王弼的大衍義;而在〈繫辭上傳〉「大衍之數五十,其用四十有九」句下,韓康伯注便有一則王弼《大衍論》的記載:

　　　　王弼曰:「演天地之數,所類者五十也。其用四十有九,則
　　　　其一不用也。不用而用以之通,非數而數以之成,斯《易》
　　　　之太極也。四十有九,數之極也。夫无不可以无明,必因
　　　　於有,故常於有物之極而必明其所由之宗也。」

王弼此解,與《復卦》注一樣,純以老氏的本體論為說,一掃漢《易》之象數。此之所謂「其一不用」,就是「寂然至无」之道體。這個道體,既是至寂的,自無動盪相;又是至无的,也無紛歧相;但它卻是統管並成就一切動盪紛歧等現象界的本母。可見此「一」,當然不是數目上的一,或邏輯上的一,而是「演天地之數、生發萬物之有」的宗主,也就是王弼此處所說的「不用而用以之通,非數而數以之成」的《易》之太極」。

　　王弼以《老子》的本體論來解釋大衍的「其一不用」;以本末、體用、有无、一多之間的關係來看待「一」之與「四十有九」;此與兩漢《易》學的詮釋內涵差別極大。根據宋代吳仁傑《易圖說》的研究,漢代討論大衍義的說法大約有以下幾家:

---

❷❻　《朱子語類》第九八卷,第四一「易不」條,第一二頁上。

大衍之數五十，京房云：五十者，十日十二辰二十八宿也；
其一不用者，天之生氣也。馬融云：北辰兩儀日月四時五
行十二月二十四氣，北辰居位不動也。荀爽云：卦各有六
爻，六八四十八，加乾坤二用，乾初九勿用也。鄭康成云：
天地之數五十有五，以五行氣通，凡五行減五，大衍又減
一也。姚信、董遇云：天地之數五十有五，其六以象六畫
之數，故減之而用四十九也❷⃝⃝。

　　從上舉京（西元前 77～前 37）、馬（79～166）、荀（128～190）、
鄭（127～200）、姚（約 190～240 左右）、董（約 190～250 左右）
諸家，與王弼的《大衍論》對照之下，王弼《易》學的特質馬上
顯明。漢《易》諸家解釋「其一不用」，不論是從天之生氣，或北
辰不動，或五行氣運，或八卦爻數等為說，總覺得過於拘執數術，
所以翻來覆去也都是無法超出具體的形象之外。而王弼的功績就
在「扭轉此質實之心靈而為虛靈之玄思，扭轉圖畫式的氣化宇宙
論而為純玄理之形上學。」❷⃝⃝把漢人繁亂支離的天道觀一筆勾去，
代之以《老》學的抽象本體論，遂成漢魏間學術思想的一大轉捩。

---

　❷⃝⃝　吳仁傑《易圖說》第三卷，《通志堂經解》第三冊。
　❷⃝⃝　牟宗三《才性與玄理》，第一一四頁。

# 第五章　論語釋疑析論

## 第一節　論語釋疑中的老子義

眾所皆知，《論語》乃是「孔子應答弟子、時人，及弟子相與言而接聞於夫子之語」❶，多屬孔子平日言語行事之記錄，以簡單記言體的方式，將若干片段的篇章彙集成書（今有二十篇約四百九十八章）❷。故就編纂體裁說，《論語》並不是一部據理抒論式的哲學書。雖然孔子心目中已有一套「仁」學的自覺理論，但要真正建立起「天道性命」顯微無間的仁學系統，則有待於《孟子》、《大學》、《中庸》以迄宋明理學的闡釋。漢儒因蔽於天人交感之說與章句訓詁之習，故治《論語》多半集中於齊、魯、古的師法、家法之爭，專以析破文字之形體為務，對於孔子思想的形上理論尚少發明❸。而王弼之出，乃在力矯漢學「廢大體、務碎

---

❶　語出《漢書·藝文志》第三〇卷，第二〇頁。

❷　此據錢穆《論語新解》所分章節計數。

❸　漢代《論語》學之一般趨勢，可自《漢書·藝文志》〈論語類〉之著錄，與何晏《論語集解》所引漢儒諸注中，略窺一二。近人皮錫瑞《經學歷史》第三、四章，亦可參考。

義」的遠本離直之風，故不依循漢儒皓首窮經的老路，對典章制度與人物時地的考訂並不重視，而較著意於形上義理的問題。因此，他所關注的哲學命題，往往已是日後學者紛論不休的主題；他所開出的義理門徑，也成為魏晉宋明時期治學的主要方向。

《四庫提要》論到王弼《周易注》在經學史中的地位，特稱：「乘其蔽而攻之，遂能排擊漢儒，自標新學。」❹其實，不僅《周易注》如此，《論語釋疑》也算王弼「自標新學」的成果之一。所以名為「釋疑」，蓋對《論語》書中的疑難滯義別有新解，故張異議，以申己見。湯用彤先生便說：「王弼所以好論儒道，蓋主孔子之性與天道，本為玄虛之學。夫孔聖言行見之《論語》，而《論語》所載，多關人事，與《老》、《易》之談天道者，似不相侔。則欲發明聖道，與五千言相通與不相伐者，非對《論語》下新解不可。然則《論語釋疑》之作，其重要又不專在解滯釋難，而更在其附會大義，使與玄理契合。」❺可見《論語釋疑》的成書，處在由漢至宋的儒學發展途程中，實在具有轉捩性的地位。一方面，他所揭櫫的新課題、新觀點、新方向，顯然已與章句學不同而為義理學開路；另方面，他以得自《易》、《老》之學的思想攙入《論語》，調會儒道，則就思想內涵看，不僅變轉了兩漢天人學的實質心靈，卻也與宋明義理學的各正性命大異其趣，而可成為由漢過渡到宋的魏晉玄理化經學的代表。吳承仕《經典釋文序錄疏證》於「皇侃撰《論語義疏》行於世」條下即云：「自何氏《集解》以訖梁、

❹　語出《四庫全書》經部「周易正義」提要，見中華書局《四部備要書目提要》第一卷，第六頁。
❺　語出湯用彤〈王弼之周易論語新義〉一文，見《魏晉玄學論稿》，第九七頁。

陳之間，說《論語》者，義有多家，大抵承正始之遺風，標玄儒之遠致，辭旨華妙，不守故常。不獨漢師、家法蕩無復存，亦與何氏所集者異趣矣！」❻此云「正始之遺風」，所指的正是王弼《釋疑》所開的治經風尚而言。

《釋疑》一書，今所見者，有馬國翰輯佚本四十節，合為一卷。若連同其所缺列之一節❼，亦不過四十一節而已。因此書資料殘缺，其學術價值又每為《易》、《老》二注所掩，故歷來尚未見有從事其專門研究者；縱有前賢曾論其雜揉儒道之是非，亦僅三言兩語概言之。唯今細察此四十一節之注文內容，顯見王弼對於本理問題的重視：諸如論道本、論性情、論聖人、論禮樂刑政之於自然等，皆在在可見「崇本息末」、「體無用有」觀的發揮。茲舉例概述如下：

## 一、論道本

王弼注釋《論語》，超出原典本義，攙入《老子》玄虛，最明顯的地方，就是以「無」解「道」、「本」。例如：

⑴〈述而篇〉「子曰：志於道。」王弼《注》云：

> 道者，無之稱也。無不通也，無不由也，況之曰道。寂然無體，不可為象。是道不可體，故但志慕而已。

---

❻　見陸德明撰、吳承仕疏證《經典釋文序錄疏證》，第二二三頁。

❼　《論語・憲問篇》「管仲相桓公，霸諸侯，一匡天下，民到于今受其賜」條下，皇侃《義疏》引王弼《注》云：「于時戎狄交侵，亡邢滅衛。管仲攘戎狄而封之，南服楚師，北伐山戎，而中國不移。故曰受其賜也。」此節注文，為《玉函山房輯佚書》中所缺列。

⑵〈陽貨篇〉「子曰：予欲無言。……天何言哉?」王弼《注》
云：

> 予欲無言，蓋欲明本，舉本統末，而示物於極者也。夫立
> 言垂教，將以通性，而弊至於淫；寄旨傳辭，將以正邪，
> 而勢至於繁。既求道中，不可勝御，是以修本廢言，則天
> 而行化。以淳而觀，則天地之心，見於不言，寒暑代序，
> 則不言之令行乎四時，天豈諄諄者哉!

因為王弼壓根兒就認為孔子是一個「體無」的聖人──凡老子口
頭上所說的「本無之道」，其實正是孔子真實生命中的體悟。──
本著這種看法，於是《論語》書中的「道」，便被理解作《老子》
書中的「無」。所謂「道者，無之稱也」、「寂然無體，不可為象」、
「天地之心，見於不言」等，即分明是在表述《老子》思想中那
個玄之又玄的「道」。其實，孔子論學，皆切近篤實，不尚高妙。
《論語》書中記孔子之言「道」者雖不少，而其含義則從未遠離
實際人生。我們可以說：孔子之言「道」，自其表於外者而言則曰
「禮」，自其蘊於內者而言則曰「仁」。因此朱熹注解「道」是「人
倫日用之間所當行者」，注解「志」是「心之所之之謂」❽，的確
很能把握孔學的真諦與力行實踐的精神。然與朱熹相較之下，王
弼之解「道」字簡直玄遠極了! 既然「道」是如此地玄遠、不可
捉摸，則人又怎能覺悟到自身有成德的趨向與動力，而有成德的
心志與意求呢? 難怪王弼不得不把「志」字解作「志慕」，說得人
們對於「道」好像只能抱持一種可望而不可即的傾慕與嚮往而已!

❽　《四書集註》，第四二頁。

於是面臨孔子所發的「予欲無言」的感嘆，他只有偏往《老子》所說的「道可道，非常道；名可名，非常名」處去聯想，以為孔子也有「修本廢言」的主張，竟無法了解聖人的隱微情意乃在：「懼學者純以言語求道，故發此以警之。」❾像王弼這種架空孔子實學又援入「崇本貴無」論的方式，除了證明他在解經之時已經自毀注家的客觀立場外，也可看出他在《論語》上面有意無意地扭曲孔子、玄化儒學的真象！

由於王弼對孔子的「道」，沒有切實而具體的領悟，又談不上任何躬行實踐、親體默證的工夫；因此對於「時」與「命」的了解，往往僅限於常識層面，完全不能進入儒家義理生命的核心，把握到那個稟承天理的「命」。此從〈為政篇〉、〈雍也篇〉、〈泰伯篇〉的注中，屢言「天命興廢」、「天命窮會」、「否泰有命」等，即知王弼每就「機遇」問題以論「時」、「命」。既屬機遇問題，則人生之窮通、否泰、興廢、逢遇等，便與「稟賦」及「努力」無大關聯，而有宿命論的傾向。故孔子所謂「五十知天命」的「天命」，在王弼的認識裏，便無法去作「窮理盡性以至於命」的理解；對於孔子所持的人生信念（善體天心，盡其在我，完成人生一切當然的道義與職責），也未能深究；於是僅就浮面的語辭作通俗的解釋，以為孔子在面臨「道終不行」的際遇時，也不由得不發出一種「天命興廢有期」的感嘆，話中好像對於人為的努力抱有幾分失望的意味似的。而且，對於「子見南子」一事，他也不從孔子尊重古禮的精神上著眼，反倒以為這是孔子遭遇窮否，不得已而屈己以見小君，謂是「非人事所免」，這似乎也已誣蔑了孔子的人格風骨！而於舜禹之有天下，王弼竟然好生羨慕地注說：「逢時

❾ 參見《四書集註》，第一二三頁。

遇世，莫若舜禹也！」——凡此，只要對照以朱熹注所謂：「天命，
即天道之流行而賦於物者，乃事物所以當然之故也，知此則知極
其精而不惑也！」又謂：「知天命，窮理盡性也！」等語❿，即可發
現王弼對天道體悟的敷淺。在其注文中，不僅看不到儒家「正命」、
「立命」思想的使命感與「不怨」、「不尤」的宗教情操；甚至連
《老》《莊》那種順命自然的達觀精神也談不上呢！這或許是王弼
年幼識淺，閱歷無多的限制；或許是他曾在官場上遭遇失敗的挫
折使然。今就他注「道」、「時」、「命」諸章節，再參以他的性情
表現，若說他未讀懂《論語》，也未與孔子的精神相契，這是一點
都不過分的。

## 二、論性情

　　孔子之學，以「仁」、「禮」兩大觀念為重心；究其內在歸結，
實本於道德主體的「性」。故《孟子》的「性善論」與《中庸》的
「明誠說」，應可代表孔子儒學體系的初步完成。可惜漢儒盡皆不
解「性善」真諦，對於《論語》、《孟子》、《中庸》的人性學說也
就無所繼承：如董仲舒（約前 179～前 104 左右）以性為「自然
之資」、劉向（約前 77～前 6）以性為「生而然者」，揚雄（前 58～
18）以性為「善惡混」，王充（27～100 左右）以性分「上、中、
下」，是皆依從告子、荀子一系所持的「自然之性」以立說❶。衍
至魏晉，才性論盛行，眾人更是偏就「氣質」以論性，王弼也不
例外。他的看法不出以下三點：①性指氣質之性，有濃薄之異；
②此一氣質之性，原無善惡可言；③善惡之分，由後天的發用與

---

❿　《四書集註》，第七頁。

❶　參見勞思光《新編中國哲學史》第二卷，一○～一一頁。

習染決定。例如《陽貨篇》「子曰：性相近，習相遠也。」王弼《注》
云：

> 不性其情，焉能久行其正？此是情之正也。若心好流蕩失
> 真，此是情之邪也。若以情近性，故云性其情；情近性者，
> 何妨是有欲。若逐欲遷，故云遠也；若欲而不遷，故曰近。
> 但近性者正，而即性非正。雖即性非正，而能使之正。譬
> 如近火者熱，而即火非熱；雖即火非熱，而能使之熱。能
> 使之熱者何？氣也，熱也。能使之正者何？儀也，靜也。
> 又知其有濃薄者，孔子曰「性相近也」。若全同也，相近之
> 辭不生；若全異也，相近之辭亦不得立。今云近者，有同
> 有異，取其共是。無善無惡則同也，有濃有薄則異也。雖
> 異而未遠，故曰近也。

在這段注文中，王弼創用了「性其情」一詞（意為：使情近性），
且對「性」與「情」之間的關係作了相當精密的理論分析。這「性
其情」的觀念，是王弼注解《易經・乾卦・文言傳》的「利貞者，
性情也」時所引發出來的；故在《周易注》中，他也同樣表示：
「不性其情，何能久行其正？……利而正者，必性情也。」原來，
他對性情的看法，是需就「本體」與「作用」兩方面來認識的：
㈠就本體方面說：他主張「即性非正」，不言先驗的性善，認為性
的本體原無所謂正邪善惡。簡言之，「性之本」乃是與道同體的
「無」。皇侃《論語義疏》即繼其說，謂「性是全生而有，未涉乎
用，非唯不可名為惡，亦不可名為善，故性無善惡也。」❷此時，

❷　《論語義疏》第九卷，第一七六頁。

「性」只可說是一個自然，一個真樸無偽的氣稟，一個寂靜玄妙的本體。若依其不具道德善惡而言，實是人人皆同的；若依其稟氣多寡而言，則是人人皆異的；故說：「無善無惡則同也，有濃有薄則異也。」㈡就作用方面說：王弼主張「近性者正」，並強調須使「情近性」（即「性其情」），以免離本趨末，流蕩失真。因為他認為「性」一開始發而為「情」時，稟氣濃旺，有儀有靜，較能約制行為使合於正善；反之，離性愈遠，稟氣漸薄，後天的習染與擾雜愈多，則失儀躁動，隨欲流遷，必日趨邪妄。他很巧妙地舉出「火之熱」的比喻，把性之於正，於善，比作火之於氣、於熱；謂氣與熱乃火之效，並非即是火本身；同樣地，正與善乃性之用，並非即是性本體。在他的觀念中，「體無」可以「用有」，則「性之體」之原「無正善」，並無礙於「性之用」之可「有正善」。

其實，在這裏，王弼顯然已將性的「本體」與「作用」分作兩截立說了。試問：一個無正善可言的本體，難道能產生一個絕對正善的作用嗎？所謂「即性非正」，難道保證得了「近性者正」嗎？這個問題，可以說是王弼在兼綜孔老、調會自然與名教的矛盾理論時，仍欠深思細索的關鍵點。因此，論到「性」與「情」的關係，他便無法像程朱一般地把握住問題的重心，並且解說得圓融無礙。譬如「性其情」一詞，一經王弼提出後，即為程頤所襲用，但其內涵底蘊卻極不相同。在〈顏子所好何學論〉中，程頤說：「天地儲精，得五行之秀者為人。其本也真而靜；其未發也，五行具焉，曰仁、義、禮、智、信。形既生矣，外物觸其形而動於中矣，其中動而七情出焉，曰喜、怒、哀、懼、愛、惡、欲。情既熾而益蕩，其性鑿矣。是故覺者約其情使合於中，正其心，養其性，故曰性其情。」❸程頤強調道德稟賦之在人者為性，故理

未有不善，性即未有不善。其未發也，仁、義、禮、智、信已蘊
於性中；其既發也，使情復性而合乎仁、義、禮、智、信，則亦
無往而不善。如此之論「性其情」，實較王弼更為直截精當！因為
程頤肯定了先驗的性善，故於後天善行善德的依據問題皆不致落
空；而王弼並未肯定先驗的性善，卻又好說善行善德的必要，於
是「性」與「善」之間的鴻溝，便很難找到一貫直下的理論，故
雖勉強解說，仍不免於弔詭虛誕。

　　職是之故，對於《論語》書中有關仁、孝、忠、恕諸章節，
王弼的解釋自是難以深中肯綮。如《學而篇》「孝弟也者，其為仁
之本與！」王弼《注》云：「自然親愛為孝，推愛及物為仁。」蓋以
「孝」為「仁」之本，又以「自然」為「孝」之本；則「仁行、
仁德」（仁之用）之足以發生，其本乃在「自然」，而不在「仁心、
仁理」（仁之體）。說穿了，這正是犯了體用不一的毛病。可見王
弼不僅不識人類心靈主體的善性根源（仁心、仁理），而且還把「自
然無為」的道體冠在「孝」、「弟」諸仁行之上；這顯然已將孔子
「仁學」的形上根據換上了道家的內涵，變成一種張冠李戴式的
儒道合一哲學了。再如，〈里仁篇〉「夫子之道，忠恕而已矣！」王
弼《注》云：「忠者，情之盡也；恕者，反情以同物者也。未有反
諸其身，而不得物之情；未有能全其恕，而不盡理之極也。」這也
是根據所謂「性其情」的返本思想而得的。他認為：能把人類天
然氣稟最純最濃的原始狀態發揮得淋漓盡致，便是忠；能使「情」
近於「性」，以與萬物在自然之性的發用起點上通同齊一，便是恕。
故忠恕也者，就是使「情」得以盡其本、得以返其根，而達到真
樸理極的「崇本息末」工夫。──王弼這樣的詮解，說來實在相

---

❸　見《宋元學案》第一六卷，《伊川學案》下。

當玄妙，幾乎全面倒向道家模式的自然哲學，而遠離了儒家重視日用倫常的人本精神。

　　據此，王弼之解「一以貫之」，固然先於宋儒能將一與多、寡與眾、理與事、道與物等當作一對對的哲學範疇提出來思辨，認為其中必定具有本末體用的關係；但就思理內涵來說，卻不知緊扣天、理、心、性的形上與形下關係一貫直論。因此他對孔子「一貫之道」的理解，不過限於形式特性而已。所謂：「貫，猶統也。夫事有歸，理有會。夫得其歸，事雖殷大，可以一名舉；總其會，理雖博，可以至約窮也。譬猶以君御民，執一統眾之道也。……能盡理極，則無物不統。極不可二，故謂之一也。推身統物，窮類適盡，一言而可終身行者，其唯恕乎！」（〈里仁篇〉注）這裏幾無一語涉及性理實學；且其所識之「恕道」，依上文分析，乃指一種返溯自然情性的崇本工夫。牟宗三先生即嘗批評道：

　　　　體用之關係，儒道兩家皆然。惟一般言之，儒道雖同，而體之所以為體，則儒道不同。王弼說此一為體為本，是以道家之無、自然為背景。依道家之路數，此一之為本為體，純由遮顯，故只能從外表描述其形式特性。如無、自然、寂靜、一、本，皆形式特性也。從形式特性言之，儒、道皆同，甚且佛、耶亦同。惟從實際的內容特性言之，則體之所以為體，儒道不同。其不同之關鍵在「心性」。而王弼於此根本未入。了解形式特性易，了解內容特性難。不能進入內容特性，則不能盡儒道之精蘊與全蘊，尤其不能盡孔門義理之精蘊與全蘊❶。

❶　《才性與玄理》，第一〇二頁。

此評誠為卓識！要是王弼解釋《論語》的「性相近，習相遠也」，及「仁」、「孝」、「忠」、「恕」，乃至「一以貫之」等，不要附上道家形上思想的內涵，相信以他標舉「性其情」，及「一」「多」、「本」「末」、「理」「事」的體用關係來說，對於儒門義理的建設與推展，也應可算是宋學以前極富開啟性見地的孔門功臣；可惜王弼的思想本質並非儒家，而是道家，因此在他精心雜揉儒道的努力下，他反而成為孔門的罪人了呢！

## 三、論名教與自然

《論語・泰伯篇》載：「子曰：興於詩，立於禮，成於樂。」歷來注家，不論漢儒（如苞咸、孔安國）、宋儒（如朱熹）、清儒（如劉寶楠），甚至何晏、皇侃、邢昺，大抵皆公認其重點在「記學者立身成德之次序」，且多以「詩」、「禮」、「樂」指六經中的三部經典言。唯王弼所注，獨與眾家異。弼云：

> 言有為政之次序也。夫喜、懼、哀、樂，民之自然，應感而動，則發乎聲歌。所以陳詩採謠，以知民志風；既見其風，則損益基焉。故因俗立制，以達其禮也。矯俗檢刑，民心未化，則又感以聲樂，以和神也。若不採民詩，則無以觀風；風乖俗異，則禮無所立；禮若不設，則樂無所樂；樂非禮，則功無所濟。故三體相扶，而用有先後也。

王弼以為此章概言為政之次序，而非為學之次序；且詩、禮、樂，乃指一般之詩謠、禮制、聲樂，而非古代之典籍。可見王弼解經，要在獨抒胸臆，不墨守成規。故其缺點，或不免於以己意曲解原

意，觸犯了注疏家的大忌諱；而其優點，又往往在能推陳出新，
另闢蹊徑，提供後人一些有待深詁細究的主題。譬如在此章注中，
王弼的新見與玄智，便特別表現在兩個主題上：一是他把詩、禮、
樂之間的先後關係與相輔作用特別加以提點，所謂「三體相扶，
而用有先後」，這便啟迪後人對孔子話語的「貫聯性」作進一步的
把握與理解。二是經由詩、禮、樂的相貫作用，他更追溯到詩的
發生根源，而歸之於民情之「自然」，所謂「喜、懼、哀、樂，民
之自然，應感而動，則發乎聲歌。」以是揭出「名教出於自然」論
的主張，這便啟迪後人對孔子思想的「究竟義」作進一步的探討
與蠡測。我們可以說：王弼的思維方式，已不似前儒只集中於「所
然」或「應然」的表面現象與外在原則，其實他已深究到「所以
然」的問題上了。因此，從他開始，讀《論語》者的興趣，顯然
已由形而下轉向形而上，並開引宋儒逐步走向孔學深層結構的理
論建設。此若較以朱熹《集註》，即可得見。朱《注》云：

> 興，起也。詩本性情，有邪有正，其為言既易知，而吟咏
> 之間，抑揚反覆，其感人又易入，故學者之初，所以興起，
> 其好善惡惡之心，而不能自己者，必於此而得之。
> 禮以恭敬辭遜為本，而有節文度數之詳，可以固人肌膚之
> 會，筋骸之束，故學者之中，所以能卓然自立，而不為事
> 物之所搖奪者，必於此而得之。
> 樂有五聲十二律，更唱迭和以為歌，舞八音之節，可以養
> 人性情，而蕩滌其邪穢，消融其渣滓，故學者之終，所以
> 至於義精仁熟，而自和順於道德者，必於此而得之，是學
> 之成也。

朱熹此注，比起何晏《集解》僅云「苞氏曰：『興，起也。言脩身
當先學《詩》也，《禮》所以立身也。』孔安國曰：『《樂》所以成
性也。』」者，可以說詳盡了許多。但若比起王弼《釋疑》添字解
經的情況來看，似乎不分軒輊。一方面，朱熹把學者之「初」、「中」、
「終」的學習歷程作了貫聯性的描述；另一方面，他又把詩、禮、
樂所以使人興、立、成的「所以然之理」作了根本義的說明；並
且，還有「詩本性情」的論調，這些多少都是依循王弼的解經模
式而來。只是王弼所能隱約影響者，不過限於形式特性，而未及
於內容特性。譬如，論到詩的起源，兩人皆謂詩本性情；但王弼
以性情歸諸「自然」，原無邪正可言，故因俗立制，只在順化民心，
詩、禮、樂的效用乃偏於政治，而未涉及道德。朱熹則不以為然：
他認為「詩本性情，有邪有正」，須待禮樂之「節度」、「蕩滌」，
方可臻至「義精仁熟，而自和順於道德」的境地。據此足見朱熹
旨在闡揚儒家的禮樂教化與仁義道德，乃特就名教對於變化氣質
的必要性立論；而王弼旨在闡揚道家的自然主義，故無端拈出一
個「自然」，作為詩、禮、樂的發生根據，繼而倡以「因俗立制」
的政治主張。這正是一為新儒家，一為玄理家的根本不同。

　　王弼不僅認為詩、禮、樂、政的「發生」，與「自然」有關；
就連詩、禮、樂、政的「運作」，也與「自然」有關。在他的觀念
中，舉凡德操、詩樂、禮法、制度、形器等，都被視為有形有名
的表面現象或外在行為；而「自然之道」則是此一表象行為的形
上本體與形上律則。換言之，政治教化的運作，必須本從自然無
為的心靈出發，他才認為不失本母。因此，當他注解《論語・顏
淵篇》：「子曰：聽訟，吾猶人也；必也使無訟乎！」時，便說：

> 無訟在於謀始，謀始在於作制。契之不明，訟之所以生也。
> 物有其分，職不相濫，爭何由興？訟之所以起，契之過也。
> 故有德司契，而不責於人，是化之在前也。

依《論語》所記，孔子僅約略表示「無訟」比「聽訟」更為根本
而切要。至於纏訟發生的「原因」為何？使民無訟的「方法」又
如何？孔子並未充分說明。王弼為了補足孔子語辭背後的理論根
據，特別追究到纏訟發生的原因，認為在於契制不明；而消除纏
訟的方法，則認為須興制作契，使物有其分，職不相濫。這些主
張，表面看來，似乎不脫儒、法家的「有為」論調；其實，他的
主旨乃在「有德司契，而不責於人」一句。而這句正是《老子》
第七十九章「聖人執左契，而不責於人。有德司契，無德司徹」
一語的縮版。所謂「不責於人」，是指「無心計較人之善否」的清
靜自然之道。既然興制作契了，卻又無心計較，這豈不就是以「無
為之心」司契之，使人「相忘於道術」的境界嗎?!像這樣的解釋，
幾乎忽略了「道德感召」與「禮樂教化」的功能，此與孔子素所
強調的「禮治」、「德化」主張，相差何巨！同樣的情形，也出現
在〈泰伯篇〉的注中。王弼說：

> 夫推誠訓俗，則民俗自化。求其情偽，則儉心茲應。（案：
> 儉當作險⑮。）是以聖人務使民歸厚，不以探幽為明；務使
> 奸偽不興，不以先覺為賢。故雖明並日月，猶曰不知也。

這裏，王弼專就孔子所說的「吾不知之矣」一語，大申特申以《老

⑮　據樓宇烈所考。見《王弼集校釋》下冊，第六三五頁。

子》「反智」、「無明」的思想（如《老子》第十八、十九、六十五
諸章所述者）。表面上，他似乎也用著儒家所慣用的話，如「推誠
訓俗」、「使民歸厚」等；事實上，他所說的「誠」與「厚」，根本
不是儒家心目中的「仁」、「善」、「中」、「正」，而是道家中的「真」
與「樸」。因此，當他一提到處理政事的問題時，便一再強調「順
俗自化」，反對「情偽有為」。尤其，對於施政者本身，更是常以
道家化的聖人境界要求之，認為他們必須具備「明道若昧」、「無
責於人」的沖虛心靈才行，所謂「不以先覺為賢」、「不以探幽為
明」，即是此意。

## 四、論聖人

儒家眼中的理想人物稱之為聖，道家眼中的理想人物也同樣
稱之為聖。然則此聖與彼聖，實有極大的不同。《論語‧雍也篇》
載：「子貢曰：『如有博施於民而能濟眾，何如？可謂仁乎？』子曰：
『何事於仁，必也聖乎！』」可見孔子眼中的聖，乃是內有德智、
外有事功的一種「內聖外王」的典型。這是「德性我」發展到極
成熟、極圓滿之境地者，也是特具博施濟眾、立人達人之能力者。
然而，《老》《莊》筆下的聖，卻不是這一種典型。一方面，《老》
《莊》認為「仁」、「義」、「禮」皆屬「大道廢」以後而有❶❻，當
然聖人固不駐於「德性我」之境；再方面，《老》《莊》又皆主張
人類需要「去智、絕巧、棄利」❶❼，需要「墮肢體，黜聰明，離
形去知」❶❽，才能同於大通，與道合德。因此，《老》《莊》筆下

---

❶❻　見《老子》第一八、一九、三八諸章。

❶❼　見《老子》第一九章。

❶❽　見《莊子‧大宗師篇》。

的聖人，若就政治表現說，乃是一個無執、無為、無功、無名、不爭、不恃、因民自化而不責於人的自然主義者❶；若就人格精神論，則是一個完全捨離甚、奢、泰，並超越生死、憂樂、名利、成敗、是非，甚至時空之限，而有觀照智慧的无己境界者❷。總之，《老》《莊》書中的聖人，實是一種超越型態的「境界我」典型。

　　王弼精攻《老》學，並援以入經。在他的詮釋下，孔子的「名教」竟出於「自然」，孔子的「道本」竟然是「無」；依此以推，則其心目中的理想聖人——堯、舜、孔子，當然是指「與無同體」、「與自然合德」的「境界我」典型。且看他對以下三章之注：

　　⑴〈述而篇〉：「子溫而厲，威而不猛，恭而安。」王弼《注》
　　　云：

　　　　溫者不厲，厲者不溫；威者必猛，不猛者不威；恭者不安，
　　　　安者不恭；此對反之常名也。若夫溫而能厲，威而不猛，
　　　　恭而能安，斯不可名之理全矣。故至和之調，五味不形；
　　　　大成之樂，五聲不分；中和備質，五材無名也。

　　⑵〈泰伯篇〉：「子曰：大哉！堯之為君也！巍巍乎唯天為大，
　　　唯堯則之。蕩蕩乎民無能名焉！」王弼《注》云：

　　　　聖人有則天之德。所以稱唯堯則之者，唯堯於時全則天之
　　　　道也。蕩蕩，無形無名之稱也。夫名所名者，生於善有所

---

❶　見《老子》第三、三七、五七、六四、七七、七九、八一諸章。
❷　見《老子》第二九章，以及《莊子》內七篇所述「聖人」諸節。

章而惠有所存。善惡相須，而名分形焉。若夫大愛無私，惠將安在？至美無偏，名將何生？故則天成化，道同自然，不私其子而君其臣。凶者自罰，善者自功；功成而不立其譽，罰加而不任其刑。百姓日用而不知所以然，夫又何可名也！

(3)〈子罕篇〉：「大哉孔子，博學而無所成名。」王弼《注》云：

譬猶和樂出乎八音乎！然八音非其名也！

這三章中，若就〈述而篇〉與〈子罕篇〉之注文看，王弼為著表明聖人之體大德周，乃舉音、聲、味、材等為譬，說明聖人之「不可名」，其說尚稱無病。因為儒家在描述聖人的至高精神時，也往往採用類似的形容。只不過儒家往往不忘提示聖人的修養工夫，藉以標舉聖人的德性境界乃是裏外如一、即體即用的。例如朱熹之注〈述而篇〉即謂：「人之德性，本無不備；而氣質所賦，鮮有不偏。唯聖人全體渾然，陰陽合德，故其中和之氣，見於容貌之間者如此。」就此以較王弼注，則王弼除了一再以「無形」、「無名」等語辭誇美聖人的超越境界外，顯然未曾提其實際工夫。此從《泰伯篇》注，更可清楚發現王弼筆下的聖人簡直就是《老》、《莊》書中的聖人。例如他說：「聖人有則天之德，……故則天成化，道同自然」，這豈不正是道家自然主義的觀念嗎?!又如他說聖人為政，要在使「凶者自罰，善者自功；功成而不立其譽，罰加而不任其刑」，這豈不就是《老子》所謂「聖人之治，……為無為則無不治」、「聖人……以輔萬物之自然而不敢為」、「聖人執左契而不

責於人」諸語的翻版嗎❷?!我們若參看他與裴徽、何晏、荀融等人討論「聖人」的內涵（見本書第二章第二節之二），便可發現王弼心目中的聖，儘管可以「有情」、可以「言有」、可以「用有」，但聖之所以為聖，基本上還不在其事功表現的多寡；而是在其心靈境界是否達到「有情而無累」或「用有卻體無」的一種「無」的最高境界。

# 五、其　他

《論語釋疑》一書，今存四十一條。就上述四項所用之十數條例證以觀，王弼所關心者顯然集中在道本、性情，以及刑名禮教的形上根據上。他之所以能冶孔老於一爐，主要就是藉著討論本源本體的問題時，把《老子》的自然之道附加到孔子的日用之學上面；以《老子》的「無」為體，以孔子的「有」為用，把儒道思想會通起來。當然，除了以上這些關乎義理性的大課目外，王弼援道入《論》的地方還是不少。例如〈為政篇〉所云的「耳順」一詞，王弼《注》曰：「言心識在聞前也。」這似乎即援用了《莊子》談論「心齋」時所說的：「無聽之以耳，而聽之以心」的觀念❷。再如〈述而篇〉所提的「老彭」一名，王弼《注》曰：「老是老聃，彭是彭祖。」接著並引《史記・老子韓非列傳》以述老聃其人，特將孔子所自比的對象指明為道家的老聃和彭祖，此與歷代注家逕謂「老彭」為一「殷之賢大夫」的意見，可說極不相侔❷。他如〈陽貨篇〉所載的「胇肸召，子欲往」一事，王弼

---

❷　語見《老子》第三、六四、七九諸章。

❷　見《莊子・人間世篇》。

❷　「老彭」者，據何晏《集解》引苞咸《注》云：「老彭，殷賢大夫，

《注》曰：「孔子機發後應，事形乃視，擇地以處身，資教以全度者也，故不入亂人之邦。聖人通遠慮微，應變神化，濁亂不能污其潔，凶惡不能害其性，所以避難不藏身，絕物不以形也。」則幾乎已把孔子描繪成窮神知化、老謀深算的道家化人物，這也與歷代注家多就「聖人有生物、愛人、行道的仁者懷抱」落筆者，大異其趣❷❹！

　　除開上述這類援道入儒的解經方式外，在《論語釋疑》中，王弼還經常使用一種「假言」的辦法，叫人避開章句訓詁的執著，直接契入經訓義理的中心。例如〈公冶長篇〉的注中，有謂「假

　　好述古事。」（見《論語注疏及補證》，第六三頁。）朱熹《注》亦謂：「老彭，商賢大夫，見《大戴禮》，蓋信古而傳述者也。」（見《四書集註》，第四一頁。）劉寶楠《正義》言之更詳：「《大戴禮・虞》戴德云：『昔老彭及仲傀，政之教大夫，官之教士，技之教庶人，揚則抑，抑則揚，綴以德行，不任以言。』《漢書・古今人表》列老彭於仲傀下，仲傀即仲傀，是老彭為殷初人。」（見《論語正義》，第一三五頁。）是皆以老彭為殷一賢人。唯王弼義與眾家異，蓋以老、彭為二人，謂老是老聃，彭是彭祖，這或許是王弼私慕《老子》的一種思想投射吧！

❷❹　肺肹據中牟作叛，係屬亂臣賊子。今肺肹來召，孔子竟有欲往之志，此何故也？歷代注家多就用世之心與行道之義，表明孔子「仁天下」的素志。譬如朱《注》引張敬夫即謂：「夫子於公山、佛肹之召，皆欲往者，以天下無不可變之人，無不可為之事也。……一則生物之仁也。」（《四書集註》，第一二一頁。）劉寶楠亦謂：「且其時天下失政久矣，諸侯畔天子，大夫畔諸侯，少加長，下陵上，相沿成習，恬不為怪。若必欲棄之而不與易，則滔滔皆是，天下安得復治？故曰：『天下有道，丘不與易也。』明以無道之故而始欲仕也。」（《論語正義》，第三七二頁。）此皆本就孔子淑世救人、替天行道的道德情操為言，實與王弼道家化的詮釋意義，大相逕庭。

數以明優劣之分」者；〈泰伯篇〉的注中，有謂「假無設有」者；〈憲問篇〉的注中，有謂「假君子以甚小人之辭」者；像這種所謂「假××以明××」的解經方式，易言之，就是「得意忘言」法的運用。在《易注》中，王弼曾以此法將象數之學一舉廓清，建立清通簡要的義理《易》學；同樣，在《論語釋疑》中，他也往往使用同樣的方法，企圖擺脫字句的牽絆，以便完成《論語》玄理化的一貫目標。

# 第二節　論語釋疑與何晏集解、皇侃義疏中老子義的比較

## 一、王弼釋疑與何晏集解中老子義的比較

　　何晏與王弼，同稱正始名士，兩人曾談論過《老子》書中的要旨，也互辯過「聖人有無喜怒哀樂」的問題。歷來論到魏晉玄學思想的發端，總舉何、王為代表。而何晏嘗與時人共撰《論語集解》，剛好王弼也有《論語釋疑》，因此，欲知王弼玄化《論語》在經學史上的地位與得失，若舉《論語集解》一書比較一下，便不待辭費矣！

　　在《論語集解》的敘文中，何晏於陳述齊、魯、古及張侯《論》的傳授源流之餘，曾提及漢代《論語》學的訓詁名家，並說明了《集解》的成書背景與體例，云：

　　　　……張侯《論》，為世所貴，苞氏周氏章句出焉。古《論》
　　　　唯博士孔安國為之訓說，而世不傳；至順帝之時，南郡太

守馬融亦為之訓說。大司農鄭玄，就魯《論》篇章，考之
齊、古，以為之注。近故司空陳群、太常王肅、博士周生
烈，皆為之義說。前世傳受師說，雖有異同，不為之訓解。
中間為之訓解，至于今多矣。所見不同，互有得失。今集
諸家之善說，記其姓名，有不安者，頗為改易，名曰《論
語集解》。

可見《論語集解》的成書，乃承漢末雜揉今古文經的發展而來。
尤其何晏等人（據《集解》敘末所載，該書為孫邕、鄭沖、曹羲、
荀顗與何晏所共上），皆生於鄭玄之後，對兩漢今古文經學名家的
著作都能及見，因此以為苞咸、孔安國、馬融、鄭玄、陳群、王
肅、周生烈各家所注互有短長，乃集其善說，記其姓名，示無抄
襲；唯一二不安者，則稍事改易，略下己意。故《經義考》引葉
適 (1150～1223) 之言曰：「何晏《論語集解》序《論》簡而文古，
數百年講《論》之大意，賴以得存。經晏說者，皆異於諸家。蓋
後世精理之學，以何晏、王弼為祖，始破經生專門之陋。」**㉕** 此誠
的論！據今人研究何晏《集解》徵引漢代注家之條數統計，其引
孔氏者達四六二條，引苞氏者達一九〇條，引馬氏者達一三一條，
引鄭氏者達一〇四條，引周氏、王氏、陳氏者各有十四條、三十
五條、三條。而自下己意者，唯一五〇條，占總條數七分之一強 **㉖**。
且其自斷己意處，多屬章句訓詁之言，縱有攙附玄旨之處，實亦
鳳毛麟角，並不多見，大約僅得以下六、七條：如其述聖人之道，

**㉕**　朱彝尊《經義考》第二一一卷，第八頁。

**㉖**　見田文星《論語何晏集解研究》之統計，民國六十五年度師大國研
　　所碩士論文，九五～九六頁。

則謂「深微」、「深遠」（見〈公冶長篇〉、〈季氏篇〉注）；述聖人之境，則謂「與天地合德」（見〈季氏篇〉、〈憲問篇〉注）；這些都是把「道」看成玄深微遠，因此〈述而篇〉注乃謂：「志，慕也。道不可體，故志之而已。」好像「道」只是一種高不可即的形上本體和超然境界。於是，庶幾聖道者，如顏回，便被說成「懷道深遠」、「每能虛中」（見〈先進篇〉注）；樂山之仁人，便被喻作「如山之安固，自然不動，而萬物生焉」（見〈雍也篇〉注）；至於孔子，更被認為「不待多學」，而「一以知之」（見〈衛靈公篇〉注）。凡此具見何晏心目中的道，似已不是儒家所強調的那種「不遠人」的日用行常之道，而是接近道家所描繪的那種「微妙玄通，深不可識」的道；何晏心目中的聖賢，也已不像儒家所標榜的那種「好學多聞」而又「博施濟眾」的典型，而較近似道家所推崇的那種「致虛守靜」而又「窮神知化」的真人。

　　據此看來，何晏《集解》的確是有雜玄的地方，故陳澧 (1810～1882)《東塾讀書記》云：「何《注》始有玄虛之言。」❷然而，以《集解》全書十卷的分量，僅得以上區區數例，則何《注》雜玄的情況可說並不嚴重。尤其何《注》大體皆兼綜漢學，尚稱精簡扼要，平實無華。此若較以《論語釋疑》，則其玄化《論語》的跡象實不及王弼甚遠。因為今存《論語釋疑》四十一條中，至少已有半數以上雜有玄旨；且其雜玄之處，又往往大放厥辭，倡申《老》義。譬如論「道」，何晏不過謂道「深微」或「深遠」而已；然而，王弼則逕指道為「無之稱也」，為「寂然無體，不可為象」。又如論「聖人」，何晏僅謂「聖人與天地合其德」、「仁者樂如山之安固，自然不動」；王弼則就「聖人有則天之德」，進而明言其「則天成

────────────

❷　陳澧《東塾讀書記》第二卷，第一四頁。

化，道同自然」。再如論「性」，何晏僅謂「性者，人之所受以生
也」（見〈公冶長篇〉注）；王弼則就「近性者正，而即性非正」
的觀點，發表「性其情」的主張。僅此三例，即知王弼援《老》
入《論》的程度實比何晏更形廣泛而深入。我們若想推舉正始之
際玄化《論語》的先驅，相信王弼是比何晏更具有代表性的。

## 二、王弼釋疑與皇侃義疏中其他注家所用老子義的比較

　　王弼的《論語釋疑》，現存者大部分皆被採錄在皇侃（488～
545）的《論語義疏》中（今存四十一條中，皇《疏》所引者即占
三十九條）。皇《疏》是南北朝時代的產品，基本上它是疏解何晏
《集解》的；因它所用的疏解方法乃在博納眾說以為羽翼，故可
說是《集解》的集解。這是經學史上最早為經注作「疏」的書，
也是目前保存魏晉六朝《論語》學資料最多的書。在書首的敘文
中，皇侃曾列出晉代《論語》注家如衛瓘、繆播、欒肇、郭象、
蔡謨、袁宏、江淳、蔡系、李充、孫綽、周壞、范寧、王珉等十
三人的爵里，並且接著說：「右十三家為江熙（字大和）所集。侃
今之講，先通何《集》，若江《集》中有可採者，亦附而申之。其
又別有通儒解釋，於何《集》無好者，亦引取為說，以示廣聞也。」
因此，皇侃於江《集》所用十三家外，又引了王弼、繆協、虞喜、
庾翼、梁覬、袁喬、殷仲堪、張憑、顏延之、釋慧琳、沈驎士、
顧歡、梁武帝、太史叔明、褚仲都、沈峭、熊埋等魏晉六朝人的
見解，再作疏解上的資助。而經皇《疏》所引取的這數十位注家
中，王弼算是年代最早，又被錄用得較多的一位❷。職是之故，

---

❷　皇侃《義疏》引取王弼語者，共三十九條，僅次於江熙、李充與范
　　寧。而王弼為魏正始名士，故就時代論，皆早於晉代的江熙、李充

若將王弼的見解剔抉出來，以與皇《疏》中其他注家略事比較，則王弼玄化《論語》對魏晉六朝所起的作用與影響，實在是很容易看出來的。

戴師靜山先生於〈皇侃論語義疏的內涵思想〉一文中，曾對皇《疏》所用的玄虛之語作過全面性的批判。當時經戴師糾舉出來的玄言大約有三十條（其中屬王弼的有三條）❷，雖然未盡其雜玄之全數，實已歷歷可見皇《疏》援佛道以入《論語》的真相。故本文不擬再對皇《疏》中的玄言玄語條分縷析，而僅想專就王弼首開先例的幾個關鍵性見解，探察魏晉時人因襲王弼故智的進一步發展，以便了解魏晉六朝學術遞嬗演變的一些消息。因而以下乃仿上節之分段法，特就：（一）論道本、（二）論性情、（三）論名教與自然、（四）論聖人等方面，略作說明。

## （一）論道本

《論語》書中的「道」，何晏曾形容其深遠不可體，王弼則直接攙入《老》義，稱之為「無」。故自王弼開始，講說《論語》者，多半受到此一觀念的習染，其以「寂然」、「不動」、「無形」、「玄絕」等語詞以解說孔子之道的，簡直已經蔚為風尚。皇侃《義疏》即屢見此言。例如〈衛靈公篇〉，蔡謨《注》云：「道者，寂然不動」。〈述而篇〉，皇侃《疏》云：「道者，通而不壅者也。道既是通，通無形相。」「（道）不可體，謂無形體。」〈為政篇〉，皇侃《疏》又云：「自形器以上，名之為無，聖人之所體也。」類此諸例，論

---

與范寧等人。今欲查知各家所存《論語》條註之多寡，可參馬國翰《玉函山房輯佚書》第三冊，一六五九〜一七五二頁。

❷ 見《梅園論學續集》，一二九〜一四九頁。

到「道」的本體，始終未嘗指明道的內涵是什麼，僅以虛無之辭，揣摸而言，謂道無形無相，寂然不動，這分明都是緣襲王弼而來的道家口吻！

## （二）論性情

自漢魏以來，論「性」者多偏就「氣稟」而言。王弼的「性其情」說，強調「近性者正，而即性非正」，即主張性無善惡，而有濃薄；認為善惡之分，蓋由後天的發用與習染決定。其後，魏晉名家注及《論語》的「性」字時，也多仿之以為說。例如范寧注〈陽貨篇〉，即謂：「人生而靜，天之性也；感於物而動，性之欲也；斯相近也。習洙泗之教為君子；習申商之術為小人，斯相遠也。」張憑注〈學而篇〉，亦謂：「仁者，人之性也。性有厚薄，故體足者難耳。」而皇侃更是引證《老子》，對王弼的觀點作了不少補充，云：「性者，人所稟以生也。……人俱稟天地之氣以生，雖復厚薄有殊，而同是稟氣，故曰相近也。及至識若值善友，則相效為善；若逢惡友，則相效為惡；惡善既殊，故云相遠也。……然性無善惡，而有濃薄。情是有欲之心，而有邪正。性是全生而有，未涉乎用，非唯不可名為惡，亦不可目為善，故性無善惡也。所以知然者，夫善惡之名恆就事而顯。故《老子》曰：『天下以知美為美，斯惡已；以知善為善，斯不善已。』此皆據事而談情有邪正者。情既是事，若逐欲流遷，其事則邪；若欲當於理，其事則正，故情不得不有邪有正也，故《易》曰：『利貞者，性情也。』」

## （三）論名教與自然

禮與樂是孔子人文之教在客觀層面上的實際內容。雖然孔子

確曾強調「禮意」的重要，卻也未曾忽視「禮文」的價值。基本上，孔子是主張「文質彬彬，而後君子」的。然自王弼詮釋〈泰伯篇〉的「興於詩，立於禮，成於樂」時，便已帶下「詩」、「禮」、「樂」出於「自然」的觀念。於是，「自然為本，名教為末」的論調便日囂塵上；許多名士往往打著申張「禮之本」與「樂之主」的口號，進而變轉孔子名教思想的內涵，達成廢棄禮樂儀文的目的。例如繆播注〈陽貨篇〉，即謂：「玉帛者，禮之用，非禮之本；鐘鼓者，樂之器，非樂之主。假玉帛以達禮，禮達則玉帛可忘；借鐘鼓以顯樂，樂顯則鐘鼓可遺。以禮，假玉帛於求禮，非深乎禮者也；以樂，託鐘鼓於求樂，非通乎樂者也。苟能禮正，則無持於玉帛，而上安民治矣！苟能暢和，則無借於鐘鼓，而移風易俗也。」此處，已不止於揭示「禮之本」與「樂之主」的重要而已，甚至倡言「玉帛可忘」、「鐘鼓可遺」；認為禮樂儀文皆是脫離「大道」（和正之本）以後而有的現象，若能把握大道之要，則毋庸鐘鼓玉帛，亦必政安民和。──這些見解，無疑地，已經襲取了《老子》第三十八章所謂「失道而後德，失德而後仁，失仁而後義，失義而後禮」的觀點；也援進了《莊子・外物篇》所謂「得魚忘筌，得兔忘蹄」的主張。比起王弼《釋疑》中的說法，實在跨前了許多，而《論語》的道家化色彩也更顯得濃厚了！

　　在此一觀念流衍下，魏晉學者論及孔子的政治理念，就如論及禮樂教化一般，往往不自覺地脫離注家的本分，漠視《論語》「德治」、「禮治」的原意，妄自添入「自然無為」的論調，暢述廢棄刑名禮教的主張。其例甚多，如李充注〈顏淵篇〉謂：「我好靜而民自正也。」又謂：「我無欲而民自樸也。」是皆直取《老子》的第五十七章以為注。再如郭象注〈為政篇〉，即以「得其性」釋

「德」，以「體其情」釋「禮」，內中又自以「性」、「情」本諸「自然」，則孔子所謂的「導之以德，齊之以禮」，便由「德治」、「禮治」的實質內涵，一轉而為《老》《莊》「無刑而自齊，無制而自在」的自然主義。而其解〈憲問篇〉的「修己以安百姓，堯舜其猶病諸」一語，竟謂：「今堯舜非修己也，萬物自無為而治」，更是大大違逆了孔子「己立立人，己達達人」的內聖外王學的真諦。

## （四）論聖人

儒道兩家，皆以「聖人」為理想人物的代稱。但儒家的聖人乃在「德性我」的建立，道家的聖人則在「境界我」的追求，旨趣大異。魏晉時代，眾人大都以「無」釋「道」，以「氣稟」釋「性」，則其心靈中的理想人物，自是趨向「性本自然」、「與無同體」的道家典型；此與《論語》書中所見的那個充滿道德意識與時代使命感的孔聖人，可以說是極不相同的。然而，魏晉諸《論語》注家對於他們玄化孔子的荒謬之舉，似乎全無自覺，故隨時代的推演，而愈說愈離譜。正始之際，何晏僅言「聖人與天地合其德」，王弼則說：「聖人則天成化，道同自然」，玄味似乎還不覺太重；但自其後玄風大開，孔子竟然被描繪成一個忘仁、去藝、遺智、棄禮、沖虛、坐忘，甚至無心、無想、無情、無夢、無能、無欲、全空的聖人呢！像這樣的聖人，簡直就是莊子化的聖人，甚或佛家化的聖人哩！且看陳澧《東塾讀書記》中所引述的，即可見其一斑：

> 自是（何晏）以後，玄談競起。六十而耳順，孫綽云：「耳順者，廢聽之理也；朗然自玄悟，不復役而後得。」子畏於

匡，孫綽云：「兵事阻險，常情所畏，聖人無心，故即以物畏為畏也。」久矣吾不復夢見周公，李充云：「聖人無想，何夢之有？蓋傷周德之日衰，故寄慨於不夢。」吾不試，故藝，繆協云：「兼愛以忘仁，游藝以去藝。」顏淵死，子哭之慟，繆協云：「聖人體無哀樂，而能以哀樂為體，不失過也。」郭象云：「人哭亦哭，人慟亦慟，蓋無情者與物化也。」脩己以安百姓，郭象：「以不治治之，乃得其極。」君子道者三，我無能焉，江熙云：「聖人體是極於沖虛，是以忘其神武，遺其靈智。」其尤甚者，回也庶乎屢空，顧歡云：「夫無欲於無欲者，聖人之常也；有欲於無欲者，聖人之分也。二欲同無，故全空以目聖；一有一無，故每虛以稱賢。」太史叔明申之云：「按其遺仁義，忘禮樂，黜支體，黜聰明，坐忘大通，此忘有之義也。忘有頓盡，非空如何？若以聖人驗之，聖人忘忘，大賢不能忘忘。不能忘忘，心復為未盡。一未一空，故屢名生也焉。」此皆皇侃《疏》所采，而皇氏玄虛之說尤多；甚至謂「原壤為方外聖人，孔子為方內聖人。」邢《疏》本於皇《疏》，而於此等謬說，皆刪棄之，有廓清之功矣。（同❷）

以上陳澧所舉諸例，分別見於皇侃《論語義疏》的〈為政篇〉、〈子罕篇〉、〈述而篇〉、〈先進篇〉、〈憲問篇〉的引文中。其實，類此之例，皇《疏》中比比皆是。譬如〈陽貨篇〉：「孔子曰：諾！吾將仕矣！」郭象即云：「聖人無心，仕與不仕隨世耳。」〈子罕篇〉：「子曰：吾有知乎哉？無知也！」繆協即云：「無為寂然，何知之有？唯其無也，故能無所不應！」凡此具見《論語》玄化之跡。

　　綜合以觀，王弼之後，《論語》如此被道家化，孔子如此被老莊化，情況實在愈演愈烈，簡直到了完全變轉儒書成為道經的地步！此習純就儒學義理的闡述來說，無疑是一種主觀、武斷的曲解！先師戴靜山先生曾大力闢斥道：「就儒家說，其患甚於楊墨；因楊墨明明白白與儒家異趣，而這是躲躲藏藏以孔子為傀儡。扮像是孔子，唱的辭不是孔子。也甚於旗幟鮮明的道教佛教，因為那是人一見而可知的，這是人習焉而不察的。」（同❷）故此風一日不息，孔學自身的光輝即一日不現！據陳澧 (1810～1882) 所述，宋代的邢昺《正義》已具廓清之功；其實，真能一掃魏晉六朝穿鑿附會以入於《老》《莊》的陰霾，再使孔學重見天日，自建屬乎儒學自身的形上理論，而大放儒理之光的，恐怕要推朱熹的《集註》哩！

# 第六章 王弼在中國思想史上的地位與影響

## 第一節 「崇本息末」觀的思想特徵與獨創性

就中國學術傳統的衍展而言，魏晉玄學實處於一重要的轉折地位。無論從內容上（思想內涵上）和形式上（治學方法上），都與兩漢時期有極顯著的不同。就內容上說，是天人交感的陰陽五行學的衰微，到《老》、《莊》自然主義的玄理形上學的勃興；就形式上說，是繁瑣支離的章句訓詁學的廢退，到得意忘言的簡易新學的流行。處在這種學風迅速遞轉的關鍵時代，王弼實是極具代表性與影響力的靈魂人物，且是魏晉玄學中唯心主義陣營裏的主要開創者。因他崛起於魏齊王芳的正始時期，不僅能言善辯，直領一代談風；而且才思敏捷，注有《易》、《老》、《論語》；尤其，他能精簡扼要地運用自己的思維，把當代的思潮集中地表現出來，使儒道兩家的有無、異同之爭，融通出一個方向，更是影響匪淺。而他的思想觀點，簡單的說，就是「崇本息末」而已。

「崇本息末」，是王弼在《老子注》中屢提不鮮，又在《老子

指略》中特特標明為《老子》五千言的「一言以蔽之」之要義。這四字，代表王弼研治《老》學的心得，更代表王弼本人經由《老子》所發展出來的個人思想體系與治學要領。因此，他一直環此觀點為重心，詮釋了《老子》；又據以論述《周易》與《論語》。依本書所見，王弼所謂的「本」與「末」，實是蘊含著極精緻的哲學內涵的。大體而言，「本」「末」相當於「體」「用」或「無」「有」之義；但又不盡如此，因為有時「末」也偏指違離本體的諸種流變；而且王弼所以喜用「本」「末」以謂「無」「有」，似乎也在「無」與「有」的體用關係之外，又附上了一種先後、始末、輕重的認定。可見王弼採用「崇本息末」四字（而非「體無用有」四字）作為《老》學的綱領，想必經過相當仔細的思維。再說，此中「息」字，或作止、休、廢解，或作生、存、舉解，亦一語雙關，表現出不同層次的思想論證。茲就本文研究所得，歸納「崇本息末」觀的思想要義與特徵如下：

（一）王弼相當重視宇宙萬有的大本大原問題。他要求思維離開當下經驗，去作超越的反省或思辨，以便更深地掌握事物的本體真相。他認為本體是「本」，現象是「末」；本體是無形無名的，現象是有形有名的；但無形無名的本體，卻比有形有名的現象，更為根本而重要。因為本體乃是現象賴以存在的本源和根據。——就這一種認識來說，王弼已經自覺地區別了現象與本體間的關係，而且揭櫫了本體論的重要性。

（二）為了追究宇宙的本體，王弼大抵承襲《老子》的思想，並加以發展。首先，他把這個本體，稱之為「無」，其中具有兩項理由：第一，根據「道相」來說：本體既然超越知覺經驗，根本無相可言，故乃勉強以「無」名之，但此「無」則絕對不同於子

虛烏有的「零」，或邏輯上否定所指的「非有」，或是虛無主義的
「空無」。第二，根據「道用」來說：本體的存有，不能自顯，須
賴發用以顯，而其發用又極廣遠無邊，沒有一定的界限，故也只
能勉強以「無」名之，方足以顯示此一本體乃是「無不通，無不
由」的「大有」。——以上兩點，王弼在《老子注》中詮釋得極為
明晰而透闢，可謂善於解說《老子》者。至於此「無」的性質究
竟如何？王弼便從「始物」與「成物」的兩個角度分析：第一，
就「始物」的角度看，他似乎把「無」當作在現象物未生以先，
即已存在而可派生萬有的一個絕對性本體。第二，就「成物」的
角度看，他卻是把「無」當作現象物既生以後，物本身所以成長、
動作、變化的形上律則。——這兩個觀點，原是互不相涉的，然
而王弼竟將二者合而為一。他之所以能合一，基本上，乃是先把
「無」看成現象物本身所呈顯的「形上規律」，同時再把此一「規
律」從現象物中抽離出來，提昇到幾乎是一種超然獨存的境界，
視之為一先在、自在而常在的絕對性本體。這樣就走向唯心主義，
一來可以方便於解說《老子》「有生於無」的宇宙觀；再來，又可
以發展他自己所獨見的「本末」、「體用」哲學。從這裏，我們不
難看出王弼對於宇宙論、本體論和形上學，似乎還沒有清楚的劃
分；然而，比起《老子》之學，他顯然是更強化了形上學的理論。
因而，他心目中的本體，既是一種絕對性的道體，也是一種規律
性的道體，且稱之為「自然」。

　　（三）職是之故，儘管王弼標舉宇宙本體的重要；但他並不
著力在此一本體的論證裏，或是把本體孤懸出來，單獨運思。這
也就是說：他所認真考慮的，並不是「如何根據邏輯思辨去推證
本體存有」的問題，而是「人當如何把握本體規律以應世事」的

問題。因此，他對本體的討論，僅限於一定的程度，即未再深入；於是，便轉從人生論的角度，談起「崇本」（體無）之道來。而其所謂之「崇本」，乃是主張以「不崇之崇」的方式來「崇本」，這就必須透過「沖虛妙用」（「無」）的觀念，在自然無為的心境中才能觀照而得。故能「崇本」也必能「息末」（止息現象的蒙蔽與干擾）。可見王弼看重生活上的「無」，勝過於理論上的「無」。生活上的「無」，要在消解「執著」與「纏累」，解放「有限」與「有為」。這種「崇本」、「體無」的見解，多少已經觸及了魏晉玄學發展脈絡中（如向秀、郭象的《莊》學）的核心精神，可以說是略略取近於《莊子》那種要求超脫的形上學，也是大異於兩漢的「新天人之學」。

（四）由於王弼強調「崇本」，一直未離人生論的立場，其目的乃在處理複雜的人事萬有。因此，他不僅談「崇本」，也談「息末」；不僅談「體無」，也談「用有」。對於《老子》所謂的「無」與「有」、「道」與「物」，他往往將之納入「本」與「末」、「體」與「用」、「一」與「多」、「理」與「事」、「性」與「情」、「靜」與「動」的哲學範疇中去進行思辨；於是，經由「體用關係」、「相對關係」、「統合關係」等三個層次的論證，他終於架構出「崇本息末」的原則。故「崇本息末」一語，看似簡單，其實則蘊含著極豐富的內涵：首先他由「本末如一」的觀點，評斥「本末相離」的情況；再由「本末相離」的情況，企圖尋回「本末統合」的境界。這是王弼藉著分辨「體」、「用」間的諸種關係，所建立的玄學體系；也是他為著會通天人，或說會通自然與名教，所獲得的思想原則。這比起《老子》，顯然是更富有邏輯思辨性的。而在此中，王弼的觀點可以歸納為三：第一，他主張「貴無」，但不「賤

有」；故於聖人有情無情的論辯，他便力倡聖人「有情」，並承認「名教」的一定價值。第二，他雖不鄙賤「有」，但重「無」還是勝過於重「有」；對於有累之情，或失本之名教，他還是力表反對。第三，他所揭櫫的最高境界，是返本歸原，以本統末，體用如一；據此，乃主張聖人「體無」，方能有情而無累；又主張名教出於「自然」，方能無為而無不為。總之，他以為：人們若想經由「得本即得末」的第一層認識，通過「崇本以止末」的第二層考驗，進入「舉本以統末」的第三層境地，則就個體心靈的超昇來說，重點實在「執著」與「纏累」的消解。

　　（五）只要能夠消解執著與纏累，則稟持著這種「無執」、「無累」的自然心態，必可優遊於刑名禮教的領域。這是他認為孔子「體無」而好「言有」的原因。因此，儒道兩家，在他的觀念中，非但沒有抵觸，反倒可以互證「有」、「無」。故於注《老》之外，他又注《易》與《論語》，卻都是一稟「崇本息末」的原則而發。表面上，他不時稱述仁義禮教；實際上，則在仁義禮教之上，攙進了「本無」的思想；這乃是他「援老入儒」、「調會孔老」的一貫方式。而且，為了達成此一玄化儒理的目的，他便大膽地揚棄了傳統的章句訓詁法，而改採新式的得意忘言法；於是，在他注經解經之時，經書反倒成為他個人的思想注腳了。

　　綜上五點，可以清楚看出王弼的思想脈絡與特徵，也可以大體了解他的治學方法與態度。我們可以說：在中國思想史上，第一個提出「本末」、「體用」等哲學範疇而大談特談的，是他！第一個混淆孔老的精神血脈，使儒學玄理化的，也是他！他的思想，可算富有相當精緻的玄理思辨力；然而面臨儒道兩家的思想歧異時，他所走的，畢竟不是類似西方的「批判」的路，而是中國傳

統的「會通」的路。

# 第二節　發展老學、玄化儒理的歷史意義
## 　　　與影響

　　由於中國的文化傳統，一向以「天人合一」或「天人不二」之旨為宗，思潮進展的要求，也往往朝向「調和融通，匯歸一致」的道路。這是中國思想「取同不取異，求合不求分」的一大特質。尤其，處在新潮澎湃、奇義風生的時代，要是有人能夠打通各種學說的同、異、離、合，找到一條「統之有宗，會之有元」的思路，他自然可以吸引大家的注目，登上當代思想界與學術界的舞臺。在魏晉時代，王弼正是這樣一位懂得掌握時潮動向，善於兼融不同的思想以為一的思想家。他的「崇本息末」觀，老實說，是兼有思想史與學術史上的意義的。就思想的層面來說，他為的是建立一套新的「天人不二」（體用如一）之學，用以解決宇宙與人生的迷惘；就學術的層面來說，他為的是會通儒學與《老》學的衝突，用以開引當代學風的往前。因此，他在論證「本」與「末」、「體」與「用」的哲學問題時，總是把孔老兩家的「無」與「有」、「自然」與「名教」的內涵一併納入討論。這樣，自然免不了會使兩種不同的學術思想在融合中部分遭到更變或轉折，然而卻也使其中的某些部分又獲得更寬廣的含容性與發展性。這固然是王弼在進行純理思辨時的一種障礙和負擔；但是，同時卻也使他得以在傳統儒學的權威底下，更精緻而微妙地發展了道家的形上學。故下文即擬從此點，分就其治《老》、《易》、《論語》之學的特質與成就，論述他在中國思想史與學術史上的地位與影響。

## （一）老學方面

　　《老子》一書本有極高的哲學智慧，秦漢以來，或如《韓非子》之〈解老〉、〈喻老〉，偏從道術發揮，致為陰謀家所利用；或有攙以陰陽思想、神仙迷信，遂為引年求長生者之執迷。漢初文景貴黃老，朝野上下奉讀《老子》，然就《淮南子》等書以觀，實嫌駁雜俗俚。而武帝以後，罷黜百家，表揚經術，《老子》之道乃漸隱而不彰。直到漢末揚雄、王充以還，《老子》學說中的自然主義才又漸次擡頭。揚雄說：「《老子》之言道德，吾有取焉耳；及攜提仁義，滅絕禮學，吾無取焉耳。」❶言下，他已贊同孔老兼取，然而孔子仍是孔子，老子仍是老子。孔老之學還是壁壘分明。王充力斥天人交感，喜言天道無為，卻是偏從宇宙氣化的觀點立論，並沒有涉及本體論方面的課題。唯至王弼，方從思辨儒道兩家的「無」與「有」、「自然」與「名教」的關係中，引進「本」與「末」、「體」與「用」等哲學範疇的探討。這不僅豐富了《老》學的內涵，也引起後人對《老子》形上學的重視與興趣。不少《老子》書中的隱性題材，如有無、體用、本末、一多、性情、動靜、言意、自然名教……等，都是王弼在進行孔老思想的會通時，所激發出來的；而且，也因此而成為日後思想界紛論不休的顯性題材。這對中國傳統哲學範疇體系的形成和發展，是起著相當重要的作用的。因此，就《老》學發展的歷史來說，第一位振興《老子》、闡明《老子》，又把《老子》帶進中國學術思想的主流，以與傳統儒學一爭短長的，應當首推王弼無疑。他的《老子注》及《老子指略》，不僅被時人（何晏等）譽為天人之見，也是今日研讀《老》

---

　　❶　見《法言・問道篇》第四卷，一○～一一頁。

書的指南。在汗牛充棟的《老》學研究中，王弼《注》實是最早、最好、最成系統，又最具代表性與影響力的一部。故晁說之(1059～1129)說：「王弼《老子道德經》二卷，真得《老子》之學歟！……完然成一家之學。後世雖有作者，未易加也。」❷誠然！

## （二）易學方面

　　王弼《易》是應兩漢象數《易》學敝極之後必須改革之運而生的。體裁上，他廢棄了「今文易」，而承繼費直、鄭玄的「古文易」，且把《易經》的底本（各卦之〈卦辭〉、〈爻辭〉及〈十翼〉之排列次第）作了相當適當而合理的調動。方法上，他使用「得意忘言」、「得意忘象」的義理解經法，一變訓詁之習，頗能把握易簡之理要與易變之法則，因而一掃「象」、「數」之執迷。內容上，他依據「崇本息末」的原則，既未叛離儒門，亦非獨衷老氏，而是採取調和折衷的立場，將儒道雜揉，本乎《老子》之形上學以求《易》道之本源，又援用〈十翼〉之道德禮教以資於人事之訓誡。因此，他的《易》學，可以說是挾象數之革命而起，為魏晉之玄學開路的。這在當時來說，正好是「適者生存」，所以流傳得很快。在他身後不久，韓康伯（？～385左右）馬上補足了〈繫辭〉以下的注文。一入晉與南北朝，其他的《易》學都被擯落，只有他的《周易注》與漢末大儒的鄭玄(127～200)《注》，並駕齊驅❸。而一轉進隋代，甚至鄭玄《注》也漸漸不是他的對手了❹。

---

❷　晁氏語見藝文書局影印《古逸叢書》本之王弼《老子注》篇前所引。
❸　《北史・儒林傳》說：「江左《周易》則王輔嗣（弼），河洛《周易》則鄭康成（玄）。」（見《北史》第八一卷，第七頁。）足證王《易》行南，鄭《易》行北，一南一北，可謂勢當力敵。

於是，他的《周易注》便獨據鰲頭，挾其眾莫能傾之勢，到了唐修《正義》，遂被定為一尊。直到程頤 (1033〜1107)、朱熹 (1130〜1200) 之《易》起，才能與之抗衡。清修《四庫》，〈易類〉著錄達一百六十七部，存目三百十八部，在此將近五百部的《易》學名著中，王弼之《易》能夠列於學官，專置博士，流行千餘年而不絕者，其特質之不凡與影響之大，可以想見。但一論其功過，則毀譽參半：有人把它捧上青天，說是「獨冠古今，功不可泯」❺；有人把它踩在腳底，斥為「惑世誣民，罪甚桀紂」❻。單就「掃象」這點來看，有人讚許他：「一切掃除，暢以義理，天下耳目煥然一新，聖道復覩。」❼有人則責備他說：「並象變而去，則後之學者不知三聖命辭之本心。」❽真是功之所在，過亦隨之，此亦一是非，彼亦一是非，皆非持平之論。評及他的《易》學內容的，也是一樣人自為說，而有無窮之辯：譬如孫盛（約 302〜373）、程顥 (1032〜1085)、郭雍 (1103〜1187)、朱震 (1072〜1138)、陳

---

❹　《隋書·經籍志》說：「梁、陳，鄭玄、王弼二注列於國學；齊代唯傳鄭義；至隋，王注盛行，鄭學浸微。」（見《隋書》第三二卷，第一〇頁。）具此可見王注盛、鄭學衰之一斑。

❺　孔穎達《周易正義·序》云：「魏世王輔嗣之注，獨冠古今。」見《周易》，《十三經注疏》本。又黃宗羲評王弼《注》云：「其廓清之功，不可泯也。」見黃氏〈象數論序〉，《黎洲遺著彙刊》上冊，第四卷，第六頁。

❻　范寧謂：「王弼何晏二人之罪深於桀紂。」見《晉書·范汪傳附范寧傳》第七五卷，第二六頁。又稅汝權亦責斥王弼云：「惑世誣民，抑何甚哉！」見朱彝尊《經義考》第一〇卷，第六頁上所引。

❼　朱彝尊《經義考》引黃宗炎語，第一〇卷，第七頁下。

❽　朱彝尊《經義考》引丁易東語，第一〇卷，第六頁下。

振新（？～？）、何喬新 (1427～1502)、楊時喬（？～1609）等人，都斷言他崇尚玄虛，雜述異端❾，而黃宗羲 (1610～1695) 卻持相反的論調說：「顧論者謂其以《老》、《莊》解《易》，試讀其注，簡當而無浮義，何曾籠絡玄言？」❿另有一些人如宋祁 (998～1061)、陳澧 (1810～1882)，又認為他是「自發胸臆，自作子書」⓫。以上這些評論，真是見仁見智，各有不同。今若以他對魏晉玄學發展的影響來說，他的《易》學成就實不亞於《老》學，故其《易》、《老》二注，並為「三玄」中之兩大巨著。尤其他能一舉廓清象數，視《易》為一套系統哲學，於揭示主爻與卦義的同時，又強調各卦卦時與各爻爻位的重要，這些觀點對於《周易》內在哲理的發揮與外在體系的建立，都是極富創見的。然而，吾人若以一位經注家應該忠實於原著的精神來評量，則王弼忽略了《易》的「生生」、「剛健」之義，而羼進「復本」、「無累」之義，則無疑是以《老子》的有色眼光治《易》，這便有失於治《易》的客觀立場了。

## （三）論語學方面

在歷代重要的《論語》注家中，於魏有何晏《集解》，於南北

---

❾　孫、程、郭、朱、陳、何、楊諸氏評王《易》之語，具見《經義考》所引，第一〇卷，四頁上～七頁上。

❿　黃宗羲〈象數論序〉，《黎洲遺著彙刊》上冊，第四卷，第六頁。

⓫　宋祁云：「王弼注《易》，直發胸臆，不如康成等師承有自。」見朱彝尊《經義考》引，第一〇卷，第四頁下。又陳澧亦云：《頤》初九注：安身莫若不競，修己莫若自保，守道則福至，求祿則辱來。造語雖精，然似自作子書，不似經注矣！」見《東塾讀書記》第四卷，第一七頁上。

朝有皇侃《義疏》，於宋有邢昺《正義》、朱熹《集註》，於清有劉寶楠 (1791～1855)《正義》等。何晏的《集解》始雜玄言，但分量極少，且不甚明顯；嚴格說來，這只不過代表兩漢今古文《論語》學的大結集而已。若論玄化《論語》的先聲，則與何晏《集解》同期出現的王弼《釋疑》，應該是更具有關鍵性的地位的。根據《隋書‧經籍志》的著錄，魏晉六朝時代的《論語》學著作，在何晏《集解》與王弼《釋疑》之後，尚有四、五十家之多；而經皇《疏》引錄而見存者，據馬國翰《玉函山房輯佚書》中所輯，則有衛瓘 (220～291)、顧歡 (420～483) 等二十六家。論時代，這二十六家皆在王弼之後；其經皇《疏》引錄者，除江熙、李充 (約 323 左右在世)、范寧 (339～401) 三家外，都不及王弼之多（案：皇《疏》共引王弼《釋疑》三十九條）。可見王弼身在魏晉經學蛻轉的時代，當他插手於治《論語》時，竟也不知不覺地成為直領當代《論語》學玄風的先驅。雖然《論語釋疑》不如《易》、《老》二注之洋洋大觀，但它的煽惑力卻也非同小可。我們從今日僅存的南北朝儒學經疏──皇侃《義疏》中，發現其中所載錄的郭象、孫綽、李充、蔡謨、張憑、繆協、江熙、殷仲堪、顧歡、太史叔明……等人的話，都是基於《老》、《莊》，甚或佛典，把「道」解作「無」，把「性」解作「氣質」，把「禮樂」歸本於「自然」，把「政刑」置之度外而大倡「因任無為」，於是孔子便被描繪成一個忘仁、去藝、遺智、坐忘，甚或無心、無想、無情、無欲、無夢、全空的聖人了，這些都是因循王弼玄化《論語》的故智，所作的進一步的發展。因此，王弼變轉了孔子的真象，遺害之大，當以《釋疑》一書為最。然而，王弼在玄化《論語》之際，若說他對學術史的發展也有良性影響的話，那就是他在《論語》書中首先

揭示了一些值得深思細究的新課題。譬如:「仁」與「孝」的先後問題,「性」與「情」的關係問題,「詩」「禮」「樂」的起源問題,「時」與「命」的問題,「道之本」的問題,「孔子之道如何一以貫之」的問題,「聖人的生命境界」問題……等等,這些問題都是王弼研治《論語》時,基於調會儒道的考慮,所激發出來的。像這類屬乎儒學上層結構的形上學問題,正是日後宋明理學者必須著力解決的焦點。因此,王弼的《論語釋疑》雖然分量不多,但對宋明新儒學的建立與開展,相信多少是具有一些催生與啟迪作用的。

如上所述,王弼的學術與影響力,顯然表現在發展《老》學與玄化儒理上。就發展《老》學而言,他的思辨性之強,在當時是首屈一指的;故自其「崇本息末」的思想發表以後,整個時代思潮便環繞著「本末」、「有無」的問題展開。其中,偏就「崇本以止末」的觀點發展,以至於否定了「末」、「有」的價值,強化了「本」、「無」的絕對性,而主張「越名教以任自然」的,則有「貴無」派的嵇康 (223〜262) 與阮籍 (210〜263) 等。繼嵇、阮之後,為了補偏救弊,力挽賤有廢禮之頹風,而提出「有」本身就是其存在之根據,以便打擊「本無」論的,則有「崇有」派的裴頠 (267〜300)。而在嵇、阮與裴頠的思潮激盪下,為了調解「貴無」與「崇有」的糾結,又再次反省王弼的本末哲學,一方面修正王弼的「本無」論而為「無因」、「自生」論,一方面又發展王弼的「崇本」觀(此指消解執累義言),而為「無待」、「適性逍遙」論的,則有「獨化」派的郭象(約 252〜312 左右)⓬。而當玄學

⓬　魏晉玄學發展至郭象的內在邏輯,可參湯一介《郭象與魏晉玄學》一書。

發展到郭象，「本末有無」之辯幾已達至頂峰，於是時人便由關心解決現實社會的矛盾，更加著力去虛構超現實界的發展，則佛教與道教乃在此時順勢推衍開來。《世說新語・文學篇》第八十五條注引《續晉陽秋》說：「正始中，王弼、何晏好《莊》、《老》玄勝之談，而世遂貴焉，至過江佛理尤盛。」可見王弼的本末哲學，處在兩漢經學與隋唐佛學之間，以他對魏晉玄學思理內涵的影響來說，實在具有舉足輕重的關鍵地位。

　　然而，對於王弼援《老》入《易》、又入《論語》的作風，所帶下的玄化儒理之習，晉世以後的歷代評家便多站在衛道的立場大加闢斥。例如范寧 (339〜401) 即說：「王（弼）、何（晏）蔑棄典文，不遵禮度，游辭浮說，波蕩後生。飾華言以翳實，騁繁文以惑世。搢紳之徒，翻然改轍；洙泗之風，緬焉將墜。遂令仁義幽淪，儒雅蒙塵，禮壞樂崩，中原傾覆。古之所謂言偽而辯，行僻而堅者，其斯人之徒歟?! 昔夫子斬少正卯于魯，太公戮華士于齊，豈非曠世而同誅乎？桀紂暴虐，正足以滅身覆國，為後世鑑戒耳，豈能迴百姓之視聽哉?! 王何叨海內之浮譽，資膏粱之傲誕，畫螭魅以為巧，扇無檢以為俗，鄭聲之亂樂，利口之覆邦，信矣哉！吾固以為一世之禍輕，歷代之罪重；自喪之釁小，迷眾之愆大也！」❸ 言下，整個魏晉學術界的祖述玄虛，甚至社會家國的蔑棄禮學與中原傾覆，好像王弼皆難辭其咎責。北齊顏之推 (531〜591 左右) 的《家訓》及唐太宗御撰的《晉書・儒林傳》中，也同有此意❹。固然，站在學術的教化功能上講，我們不能不指責

---

❸　見《晉書・范汪傳附范寧傳》第七五卷，三三〜三四頁。

❹　顏之推《顏氏家訓・勉學篇》云：「何晏、王弼祖述玄宗，遞相誇尚，景附草靡。皆以農黃之化，在乎己身；周孔之業，棄之度外。……

王弼遺禍匪淺；站在注家應當尊重原典的精神上講，我們也不能不批評變轉孔子性理實學成為玄理虛學的不當。然而，站在解決時代新課題的用心上講，我們卻不能不為王弼說幾句公道話。因為會通孔老，通體達用，正是王弼所面臨的時代新課題。這個課題曾使許多人迷惘、爭辯、莫所適從；而王弼一出，以其大膽、標新、尚理、重意的精神，提出「崇本息末」的觀點，為儒道之間的交融問題，打通血脈；為魏初人士既「崇儒」又「好道」的雙重心理需求，找到出路。這樣，雖不免於部分曲解了儒學，卻也使儒學脫離了傳統天人交感的窠臼，融進了一部分道家思想的新血；因而迫使傳統的儒學得以伸向形上學的領域，達成思想的轉型與擴大，進而帶入佛理的交融，並刺激宋明新儒學的產生。因此，王弼在魏晉六朝學術史上的地位，實是不容抹煞的。

　　今天，我們研治王弼，覺得最富啟發性與現代意義的，有以下二事：第一，藉著王弼對「本末」、「有無」問題的思維，可以引領我們效法他的思辨精神，突破有形有名的現象界，提昇至無形無名的本體界，讓形上學的課題再一次激盪我們的思想。或許讀過王弼之書，許多人會情不自禁地問起自己：「到底我個人對宇宙的大本大原問題有多少認識？『本』在那裏？我該如何『崇本』？」第二，經由王弼處理其時代課題的因緣與發展，好像也讓我們照

直取其清談雅論，剖玄析微，賓主往復，娛心悅耳，非濟世成俗之要也。」見周法高《彙注》本，四一～四三頁。《晉書・儒林傳》也對魏晉玄風作了這樣的總論：「有晉始自中朝迄于江左，莫不崇飾華競，祖述虛玄。擯闕里之典經，習正始之餘論；指禮法為流俗，目縱誕以清高。遂使憲章弛廢，名教頹毀，五胡乘間而競逐，二京繼踵以淪胥。運極道消，可為長歎息者矣！」此見《晉書》第九一卷，第二頁。

見到自己的時代課題。魏晉的時代課題是會通孔老；而今我們呢？
我們的時代課題在那裏？該如何解決？這是涉及中華文化如何暢
通往前的大關鍵。身為中華文化的主人，在崇奉物質文明的今天，
面對著傳統的儒、釋、道之學，我們該如何為時代把舵，開向我
們的未來？

# 參考書目

（一）書　籍

⑴《周易》　魏・王弼、韓康伯注，唐・孔穎達正義，藝文印書館十三經注疏本。

⑵《老子》　魏・王弼注，藝文印書館影印古逸叢書本。

⑶《論語》　魏・何晏集解，梁・皇侃義疏，宋・邢昺疏，清・焦循補疏，清・阮元校勘，民・王叔岷斠理，世界書局注疏及補正本。

⑷《莊子》　晉・郭象注，唐・成玄英疏，唐・陸德明釋文，清・郭慶藩集釋，世界書局集釋本。

⑸《禮記》　漢・鄭玄注，唐・孔穎達正義，藝文印書館十三經注疏本。

⑹《韓非子》　民・陳奇猷集釋，河洛圖書出版社集釋本。

⑺秦・呂不韋　《呂氏春秋》，中華書局四部備要本。

⑻漢・劉安　《淮南子》，世界書局四部刊要本。

⑼漢・司馬遷　《史記》，藝文印書館會注考證本。

⑽漢・董仲舒　《春秋繁露》，商務印書館今註今譯本。

⑾漢・揚雄　《法言》，商務印書館四部叢刊正編第十八。

⑿漢・王充　《論衡》，商務印書館四部叢刊正編第二十二。

⒀漢・班固　《漢書》，藝文印書館二十五史本。

(14)魏・劉邵　《人物志》，中華書局四部備要本。

(15)魏・王弼　《周易略例》，新興書局漢魏叢書本。

(16)魏・王弼　《老子微旨例略》，藝文印書館老子集成初編本。

(17)晉・張湛　《列子注》，明倫出版社集釋本。

(18)晉・陳壽　《三國志》，劉宋・裴松之注，民・盧弼集解，藝文印書館二十五史本。

(19)劉宋・范曄　《後漢書》，唐・李賢注，清・王先謙集解，藝文印書館二十五史本。

(20)劉宋・劉義慶　《世說新語》，梁・劉孝標注，民・楊勇校箋，明倫出版社印行。

(21)梁・沈約　《宋書》，藝文印書館二十五史本。

(22)梁・蕭子顯　《南齊書》，藝文印書館二十五史本。

(23)梁・釋僧佑　《弘明集》，中華書局四部叢刊初編本。

(24)北齊・魏收　《魏書》，藝文印書館二十五史本。

(25)北齊・顏之推　《顏氏家訓》，中研院史語所專刊之四十一，臺聯國風出版社印周法高彙注本。

(26)隋・李百藥　《北齊書》，藝文印書館二十五史本。

(27)唐・歐陽詢等　《藝文類聚》，藝文印書館印行。

(28)唐・陸德明　《經典釋文》，藝文印書館四庫善本叢書。

(29)唐・李鼎祚　《周易集解》，學生書局學津討原本。

(30)唐・房玄齡　《晉書》，藝文印書館二十五史本。

(31)唐・姚思廉　《梁書》，藝文印書館二十五史本。

(32)唐・姚思廉　《陳書》，藝文印書館二十五史本。

(33)唐・令狐德棻等　《周書》，藝文印書館二十五史本。

(34)唐・李延壽　《南史》，藝文印書館二十五史本。

(35)唐・李延壽　　《北史》，藝文印書館二十五史本。

(36)唐・魏徵等　　《隋書》，藝文印書館二十五史本。

(37)後晉・劉昫　　《舊唐書》，藝文印書館二十五史本。

(38)宋・李昉等　　《太平御覽》，商務印書館影印宋刊本。

(39)宋・吳仁傑　　《古周易》、《易圖說》，大通書局通志堂經解本。

(40)宋・歐陽修　　《唐書》，藝文印書館二十五史本。

(41)宋・張載　　《張載集》，漢京文化事業有限公司印行。

(42)宋・晁說之　　《嵩山文集》，商務印書館四部叢刊續編本。

(43)宋・晁公武　　《郡齋讀書志》，商務印書館國學基本叢書。

(44)宋・王堯臣　　《崇文總目》，商務印書館國學基本叢書。

(45)宋・朱熹　　《四書集註》，世界書局印行。

(46)宋・黎靖德編　　《朱子語類》，正中書局影印本。

(47)宋・王應麟輯　　《周易鄭康成注》，商務印書館四部叢刊續編本。

(48)清・顧炎武　　《日知錄》，明倫出版社印何義門批校精抄本。

(49)清・黃宗羲　　《宋元學案》，商務印書館國學基本叢書。

(50)清・黃宗羲　　《易學象數論》，隆言出版社印黎洲遺著彙刊。

(51)清・朱彝尊　　《經義考》，中華書局四部備要本。

(52)清・李光地　　《周易折中》，真善美出版社印行。

(53)清・惠棟　　《易漢學》，藝文印書館皇清經解續編本。

(54)清・張惠言　　《易學十書》，廣文書局印行。

(55)清・紀昀等　　《四庫提要》，中華書局印行四部備要書目提要。

(56)清・趙翼　　《二十二史劄記》，商務印書館印行。

(57)清・焦循　　《周易補疏》，藝文印書館皇清經解本。

(58)清・馬國翰輯　　《玉函山房輯佚書》，文海出版社印行。

(59)清・劉寶楠　　《論語正義》，世界書局印行。

⑹清・陳澧　《東塾讀書記》，中華書局四部備要本。

⑹清・吳承仕　《經典釋文序錄疏證》，臺北臺聯國風出版社印行。

⑹清・嚴可均輯　《全後漢文》、《全三國文》、《全晉文》，世界書局印行。

⑹清・皮錫瑞　《經學通論》，商務印書館印行。

⑹清・皮錫瑞　《經學歷史》，藝文印書館印行。

⑹劉師培　《中國中古文學史講義》，民國五十四年，大新書局縮印劉申叔先生遺書，臺北。

⑹章炳麟　《章氏叢書》，浙江圖書館刊本。

⑹陶鴻慶　《讀諸子札記》，民國六十年，藝文印書館，臺北。

⑹湯錫予　《魏晉玄學論稿》，民國六十一年，廬山出版社，臺北一版。

⑹湯錫予　《漢魏兩晉南北朝佛教史》，民國五十七年，商務印書館，臺北三版。

⑺陳寅恪　《陳寅恪先生論文集》，民國六十六年，九思出版社，臺北增訂二版。

⑺顧頡剛編　《古史辨》第三冊，民國五十九年，明倫出版社，臺北重印。

⑺劉汝霖　《漢晉學術編年》、《東晉南北朝學術編年》，民國六十八年，長安出版社，臺北。

⑺戴君仁　《梅園論學續集》，民國六十三年，藝文印書館，臺北。

⑺屈萬里　《先秦漢魏易例述評》，民國五十八年，學生書局，臺北。

⑺呂思勉　《兩晉南北朝史》，民國五十八年，開明書局，臺北。

⑺侯外廬主編　《中國思想通史》，一九五七年，人民出版社，北

京。

⑺唐長孺　《魏晉南北朝史論叢》，一九五七年，三聯書店，北京。

⑻唐長孺　《魏晉南北朝史論叢續編》，一九七八年，三聯書店，
　　北京。

⑼王仲犖　《魏晉南北朝史》，民國七十六年，谷風出版社，臺北。

⑽馮友蘭　《新原道》，明倫出版社，臺北。

⑻狩野直喜　《魏晉學術考》，東京筑摩書房，日本。

⑻錢穆　《國學概論》，民國五十七年，商務印書館，臺北。

⑻錢穆　《論語新解》，民國五十四年，三民書局經銷，臺北再版。

⑻錢穆　《莊老通辨》，民國六十年，三民書局經銷，臺北。

⑻牟宗三　《才性與玄理》，民國五十二年，人生出版社，九龍。

⑻王瑤　《中古文學史論》，民國六十四年，長安出版社，臺北。

⑻劉大杰　《魏晉思想論》，民國五十六年，中華書局，臺北再版。

⑻何啟民　《魏晉思想與談風》，民國五十六年，中國學術著作獎
　　助委員會出版，商務印書館經銷，臺北。

⑻何啟民　《竹林七賢研究》，民國五十五年，中國學術著作獎助
　　委員會出版，商務印書館經銷，臺北。

⑼容肇祖　《魏晉的自然主義》，民國五十九年，商務印書館，臺
　　北。

⑼周紹賢　《魏晉清談述論》，民國六十一年，商務印書館，臺北
　　再版。

⑼逯耀東　《勒馬長城》，民國六十六年，言心出版社，臺北。

⑼勞思光　《新編中國哲學史》，民國七十三年，三民書局，臺北
　　增訂初版。

⑼徐復觀　《兩漢思想史》，民國七十三年，學生書局，臺北再版。

(95)高懷民　《兩漢易學史》，民國五十九年，中國學術著作獎助委員會出版，商務印書館經銷，臺北。

(96)徐芹庭　《漢魏七家易學之研究》，民國六十六年，成文出版社，臺北。

(97)樓宇烈　《王弼集校釋》，一九八七年，中華書局，北京再版。

(98)湯一介　《郭象與魏晉玄學》，民國七十六年，谷風出版社，臺北。

(99)馮友蘭　《中國哲學史論文》二集，一九六二年，人民出版社，北京。

(100)任繼愈主編　《中國哲學史》第二冊，一九六四年，人民出版社，北京。

(101)許抗生　《帛書老子注釋與研究》，一九八五年，人民出版社，北京。

(102)朱伯崑　《易學哲學史》，一九八六年，北京大學出版社，北京。

(103)金春峰　《漢代思想史》，一九八七年，中國社會科學出版社，北京。

(104)林麗真　《王弼及其易學》，民國六十六年，臺大文史叢刊之四十七，臺北，

(105)林麗真　《魏晉清談主題之研究》，民國六十七年，臺大中文研究所博士畢業論文。

（二）論　文

⑴范壽康　〈魏晉的清談〉，《武漢大學文哲季刊》第五卷，第二期，武漢。

⑵王韶生　〈荊州學派與三國學術之關係〉，《崇基學報》第四卷，

第一期，香港。

⑶余英時　〈漢晉之際士之新自覺與新思想〉，《新亞學報》第四
　　卷，第一期，香港。

⑷馮承基　〈論魏晉名士之政治生涯〉，《國立編譯館館刊》第二
　　卷，第二期，臺北。

⑸沈剛伯　〈論文化蛻變兼述我國歷史上的第一次文化大革新〉，
　　《中山學術文化集刊》第一集，臺北。

⑹錢穆　〈論魏晉南北朝學術文化與當時門第之關係〉，〈新亞學
　　報〉第五卷，第二期，香港。

⑺程元敏　〈季漢荊州經學〉（上）（下），《漢學研究》第四卷，
　　第一、二期，臺北。

⑻王葆玹　〈「穀梁傳疏」所引王弼「周易大演論」佚文考釋〉，
　　《中國哲學史研究》，第四期，北京。

⑼林麗真　〈易傳附經的起源問題〉，《孔孟月刊》第一七卷，第
　　三期，臺北。

⑽林麗真　〈魏晉人論聖賢高士〉，《孔孟月刊》第一八卷，第三
　　期，臺北。

⑾林麗真　〈魏晉清談名士之類型及談風之盛況〉，《書目季刊》
　　第一七卷，第三期，臺北。

⑿林麗真　〈從隋志之著錄看魏晉清談及學術之跡象〉，《國立編
　　譯館館刊》第一四卷，第二期，臺北。

# 年　表

## 魏文帝黃初七年丙午 (226)

⑴王弼生，山陽高平人（今山東金鄉西北四十餘里）。

⑵魏文帝曹丕崩，子明帝曹叡立，司馬懿輔政。

## 魏明帝太和元年丁未 (227)～景初三年己未 (239)

⑴王弼年 2～14 歲，幼而察惠，解音律、善投壺、能言辯、好老氏。

⑵魏蜀吳三國鼎立，天下擾攘不安。234 年，蜀漢諸葛亮伐魏，卒於軍；吳主孫權擊魏，亦不勝。239 年，魏明帝崩，其養子齊王芳嗣，曹爽執政。

## 魏齊王芳正始四年癸亥 (243)

王弼父業為尚書郎，裴徽為吏部郎。時王弼尚未弱冠（年約 18），往見裴徽，徽一見稱異，與之互論孔老「有」「無」之問題。王弼《老子注》及《老子指略》，或成於此年前後。

## 魏齊王芳正始五年甲子 (244)～七年丙寅 (246)

⑴何晏為吏部尚書，主選舉，有位望，能清言。王弼（年約 19～21）曾參與其所主辦之談座，與之互辯「聖人有情與否」之問

題，晏甚奇弼，嘆為天人之見，一座亦皆屈服，王弼從此名聲
大噪。且其時，何晏注《老子》未畢，見王弼自說注《老子》
旨，見解高過於己，遂不復注。

⑵ 245 年，何晏與孫邕、鄭沖、曹羲、荀顗等共上《論語集解》。
其中多引漢人舊說，何晏偶亦斷以己意，文中從未提及《論語
釋疑》，則王弼《釋疑》之作，或在此年之後。

**魏齊王芳正始九年戊辰 (248)**

王弼年二十三，黃門侍郎累缺，吏部尚書何晏既用賈充、裴秀、
朱整等，又議用弼。不巧丁謐與何晏爭衡，故推薦王黎於曹爽，
結果曹爽用了王黎，不用王弼，乃將王弼移補臺郎。而當王弼就
任臺郎之日，特謁曹爽，與之論道良久，無所他及，以致留給曹
爽一個不懂進退的印象，故不久王黎病卒，曹爽還是另用王沈以
代，黃門侍郎一職始終輪不到王弼，連何晏皆為之嘆恨不平。然
王弼在臺既淺，事功亦雅非所長，故乃傾注心力以治玄學，其《周
易注》及《周易略例》，或成於此時前後。

**魏齊王芳正始十年己巳 (249)**

司馬懿族滅曹爽兄弟、何晏、鄧颺、丁謐、畢軌、李勝、桓範等，
王弼僅以公事被免職。不久，便患上癘疾，病死於是年秋天，年
二十四。

# 人名索引

# 名詞索引

## ◎ 人心難測　彭孟堯／著

　　刻骨銘心的愛情與永恆不變的友情，只是大腦神經系統反應下的產物？身處科技與幻想發達的時代，我們夢想著有一天能夠創造出會思考的機器人，我們更夢想著有一天機器人能夠更像人：除了思考，還有喜怒哀樂、七情六欲。人類真能辦到嗎？是我們的想像力太過豐富了，還是目前的科技還不夠發達？

## ◎ 這是個什麼樣的世界？　王文方／著

　　「形上學」是西方哲學中研究世界「基本結構」的一個學門。本書透過簡單清楚、生動鮮明的舉例，介紹形上學主題，如因果、等同、虛構人物、鬼神、可能性、矛盾、自由意志等，作者希望讀者能理解：形上學的討論無非是想對我們的常識作出最佳的合理解釋罷了；這樣的討論或許精緻複雜，但絕非玄奧難懂。

## ◎ 思考的祕密　傅皓政／著

　　本書專為所有對邏輯有興趣、有疑惑的讀者設計，從小故事著眼，帶領讀者一探邏輯之祕。異於坊間邏輯教科書，本書沒有大量繁複的演算題目，只有分段細述人類思考問題時候的詳細過程，全書簡單而透徹，讓您輕鬆掌握邏輯推演步驟及系統設計的理念。全書共分九章，讓您解碼邏輯，易如反掌！

## ◎ 科幻世界的哲學凝視　陳瑞麟／著

　　科幻是未來的哲學；哲學中含有許多科幻想像。科幻與哲學如何結合？本書試圖討論科幻創作中的哲學意涵，包括小說《正子人》、《童年末日》、《基地》、《基地與帝國》，以及電影《千鈞一髮》、《魔鬼總動員》、《強殖入侵》、《駭客任務》。透過科幻創作的分析，本書試圖與讀者一起探討根本的哲學問題。

## ◎ 信不信由你　游淙祺／著

　　西方哲學從中世紀到十九世紀末為止，其論辯、批判與質疑的焦點集中在「上帝是否存在」上。而二十世紀的西方哲學家，在乎的是「宗教人的神聖經驗」、「宗教語言」、「宗教象徵與神話」等新議題。身為世界公民的我們，要如何面對宗教多元的現象？又應該怎樣思考宗教多樣性與彼此相互關係的問題呢？

## ◎ 平等與差異　劉亞蘭／著

　　兩性平等，也能兼顧差異？老媽對家庭的付出，是愛的表現還是另類的被剝削？如果生養子女是女人的天職，那男人呢？本書從自由主義、馬克思主義、激進女性主義等觀點，帶領讀者一同了解哲學和性別之間，有時和平相處、有時鬧到要分手的思辯過程。希望讀者在了解女性主義者為女性發聲的奮鬥歷史之後，也能一起思考：兩性之間的發展、人與人之間的對待，是否能更和諧、更多元？

## ◎ 哲學在哪裡？　葉海煙／著

在海鷗翔翔的海邊，阿哲遇到了被教會開除的斯賓諾莎，縱使只能靠著磨鏡片的卑微工作過活，他也不願意放棄心中最堅定的信仰。在廣大的平原上，阿哲聽聞了尼采之名，卻沒想到他在精神病的折磨下，早已過世……。在咖啡屋，有人勾起阿哲「已被喝光的咖啡是否存在」的好奇心，聽說他們就是知名的法國哲學家沙特與波娃。到底還有什麼奇遇，等待著阿哲呢？別猶豫，快翻開第一頁吧！

## ◎ 老子　劉笑敢／著

本書作者認為老子哲學體系是以自然為中心價值，以無為為實現中心價值的原則性方法，以辯證法和道分別為自然和無為提供經驗性和超越性的論證。老子之道是世界的總根源和總根據，是對貫穿於宇宙、世界、社會、人生的統一性的根本性解釋。而針對《老子》晚於《莊子》的觀點，書中從韻式、合韻、修辭、句式等方面詳細比較，為確定《老子》的年代提出了新的論證。

## ◎ 孟子　黃俊傑／著

孟子在戰國時代那一段迅雷風烈的變局裡，始終抱著熾熱的淑世情懷，他開展「知心─知性─知天」的生命哲學，主張「民為貴，社稷次之，君為輕」的政治思想，並樹立了「富貴不能淫，貧賤不能移，威武不能屈」的「大丈夫」人格典範。孟子及其思想充滿強韌的生命力，不僅在戰國時代顯得氣勢撼人，其深邃的智慧，更是穿越一波波歷史的驚濤駭浪，深深影響著二千年來的東亞文化。

## ◎ 想一想哲學問題　林正弘／主編

　　當人類追根究底地去探問任何問題時，遲早會碰到一些無法得到確定答案的問題，這些問題既無法用常識性的方法和科學的實驗，或類似數學的嚴格證明來尋求解答。它們雖然很難有確定的答案，但卻與人類所關心的問題密切相關，而這些問題就是哲學問題。本書由哲學問題來引發你對哲學探究的興趣，與你共渡一段美好而安靜的沉思時光。

## ◎ 少年達力的思想探險　鄭光明／著

　　探究哲學問題就像是走在一座令人迷惘、困惑不已的思想迷宮裡一樣。這個思想迷宮並不在雲端上，而是在我們的日常生活中。我究竟是否存在？周遭一切會不會如夢如幻，只不過是惡魔的玩笑？什麼都可以懷疑嗎？還是有什麼是確定不可以懷疑的？在本書中，達力將以上述問題為藍本進行思想探險，期能在哲學的思想迷宮中，找到一條智慧之路。